Construa seus sonhos

Construa seus sonhos

Organize seu tempo e torne seus projetos realidade

Alexandre Rodrigues Barbosa

THOMAS NELSON
BRASIL®

Rio de Janeiro – 2013

Copyright © 2013 by Alexandre Rodrigues Barbosa

PUBLISHER	Omar de Souza
EDITOR RESPONSÁVEL	Samuel Couto
PRODUÇÃO EDITORIAL	Thalita Aragão Ramalho
	Rachel Rimas
	Daniel Nascimento
CAPA	Douglas Lucas
COPIDESQUE	Fernanda Silveira
REVISÃO	Guilherme Semionato
DIAGRAMAÇÃO E PROJETO GRÁFICO	Valter Botosso Júnior

CIP-BRASIL. CATALOGAÇÃO NA PUBLICAÇÃO
SINDICATO NACIONAL DOS EDITORES DE LIVROS, RJ

B261c   Barbosa, Alexandre Rodrigues
         Construa seus sonhos : organize seu tempo e torne seus projetos realidade /Alexandre Rodrigues Barbosa. - 1. ed. - Rio de Janeiro: Thomas Nelson Brasil, 2013.
         240 p. ; 23 cm

         Apêndice
         ISBN 9788578603762

         1. Administração do tempo. 2. Autorrealização. 3. Autorrealização (Psicologia). I. Título.

CDD: 650.11
CDU: 005.336

Thomas Nelson Brasil é uma marca licenciada à Vida Melhor Editora S.A.
Todos os direitos reservados à Vida Melhor Editora S.A.
Rua Nova Jerusalém, 345 — Bonsucesso
Rio de Janeiro — RJ — CEP 21402-325
Tel.: (21) 3882-8200 — Fax: (21) 3882-8212 / 8313
www.thomasnelson.com.br

Sumário

Agradecimentos 7
Prefácio 9

1. Tempo: vilão ou aliado? Você decide! 11
2. Para que você precisa de mais tempo? 15
3. Quem roubou meu tempo? Encontre o culpado 19
4. Descubra os ladrões do tempo: torne seu inimigo visível 25
5. Matriz do tempo: as esferas da tríade do tempo de Christian Barbosa 31
6. Aplicação: se você nada fizer, nada terá como resultado 37
7. O que faz um bom administrador? 41
8. O que é organização do tempo? 43
9. Encontre sua motivação para organizar o tempo 49
10. Você escolhe: mais ou menos tempo 53
11. Corra atrás do tempo perdido 57
12. Assuma a direção da sua vida 61
13. Encontre o sentido da sua vida 67
14. Escreva sua missão pessoal 71
15. Ajuste as fases do tempo: entrando em dia com seu relógio 77
16. Aprenda com o passado 83
17. Rumo ao futuro 87
18. Viva o presente 93
19. Esteja presente no presente 97
20. Comece hoje a criar o futuro dos seus sonhos 101
21. Tempo para sonhar 105

22. Transforme sonhos em metas 109
23. Escreva suas metas 117
24. Metas de curto, médio e longo prazos 123
25. Acerte o ritmo da vida 127
26. Planejamento *versus* "fazejamento" 131
27. A lista que guia nossas tarefas e nos ajuda a manter o foco 141
28. Deixe os velhos hábitos e crie sua rotina para evoluir 145
29. Anote tudo em sua agenda 147
30. Focar e desfocar: mantenha a imagem nítida 149
31. Meça o tempo das suas atividades 153
32. Priorize seu dia e renegocie prazos 157
33. Antecipe tudo o que puder ser antecipado 163
34. Encontre tempo no tempo perdido — tempo bem-aproveitado 167
35. Falta de tempo não é desculpa 169
36. Invista tempo para melhorar a administração do seu tempo 171
37. Vença a preguiça 175
38. Tempo, produtividade e energia 179
39. Cuide de si 183
40. Comprometimento é a chave para o sucesso 187
41. Crie soluções para os problemas de tempo 191
42. Diga "não" ao que não for importante 195
43. Gerenciar o tempo é uma questão de atitude 199
44. Evite interrupções: crie uma nova cultura do respeito 203
45. Delegar economiza o tempo 207
46. Paciência é irmã da sabedoria 211
47. As maiores dificuldades na gestão do tempo: os outros 215
48. Ensine as pessoas a serem pontuais 219
49. Entenda a equação do tempo 223
50. A melhor maneira de aprender é ensinar 227
51. O verdadeiro triunfo é conquistar sonhos sem esquecer o equilíbrio .. 231

Conclusão 233
Notas 235

Agradecimentos

Em primeiro lugar agradeço a Deus pela Vida, pelo Tempo, pelo Amor e por absolutamente Tudo.

Aos Grandes Mestres em minha vida:

Ao meu amado pai, Américo Rodrigues Barbosa, que sempre me incentivou a sonhar e a sonhar alto sem nunca desistir.

À minha amada mãe, Glaucely A. Cunha Barbosa, que me ensinou que o Sol sempre brilha atrás das nuvens e que é importante realizar nossos sonhos.

Ao meu amado irmão, Christian Rodrigues Barbosa, que me ensinou, com o seu exemplo e com o seu método, como me tornar um realizador de sonhos.

A todos os meus familiares e às minhas queridas avós, Aparecida e Rosa.

E agradeço à minha amiga Renata Sturm, que plantou com fé a semente de um sonho e lutou por ele.

Prefácio

Precisamos parar e entender o verdadeiro valor do tempo. O momento que nossa sociedade atravessa é cheio de pressa, com um volume absurdo de informações e todo tipo de tecnologia, que na maior parte das vezes acaba mais atrapalhando do que ajudando.

Em meio a essa turbulência, sobram atividades não concluídas, noites maldormidas, exercícios físicos que ficam de lado; a saúde começa a ser prejudicada, a motivação começa a se perder, relacionamentos se deterioram e oportunidades são desperdiçadas. Tudo isso é efeito direto e indireto da má gestão do nosso tempo pessoal.

Infelizmente não aprendemos a administrar nosso tempo na escola ou na faculdade. Desenvolvemos um modelo mental, desde a nossa infância, com base em nossas estruturas familiares e exemplos profissionais, mas isso, na prática, se mostra insuficiente para atuar no momento em que estamos.

O valor do tempo é definido ao entendermos que ele é a coisa mais importante de tudo. Com tempo conquistamos saúde, relacionamentos, oportunidades, dinheiro, paz, equilíbrio etc. Dar tempo àquilo que precisamos é a única forma de desenvolver essa área.

Eu precisei chegar ao fundo do poço da minha saúde e equilíbrio pessoal para entender essa simples equação. Dedico minha vida a pesquisar, estudar, desenvolver métodos e softwares para que as pessoas e empresas tenham mais vida e não precisem chegar ao ponto em que cheguei para entender isso.

Quando lancei o livro *A tríade do tempo*, que foi o embrião para todo o método e ferramentas usados por milhares de pessoas em dezenas de países, não tinha ideia de quanto isso poderia impactar a vida das pessoas. Tempo é realmente o que faz a diferença na vida de todos.

Na TriadPS temos uma equipe de profissionais maravilhosos que compartilham dessa missão, para ajudar pessoas no mundo inteiro a descobrirem e viverem por aquilo que realmente é importante.

Quando recebi o convite para escrever esse prefácio, fiquei muito feliz, pois é impossível não falar bem de um cara que amo e admiro como o Alexandre, meu irmão. Ele é o instrutor da Triad que mais me ajudou a replicar o método que desenvolvi, e um dos mais elogiados por todas as empresas que passa. Pessoas como o Alexandre é que me ajudam a fazer a Triad crescer globalmente, pois são melhores do que eu na arte da facilitação. Atingem o resultado esperado e me permitem alçar novos voos.

Com sua inteligência, disciplina, doação e aplicação, ele conseguiu impactar tantas pessoas ao longo desses anos conosco que esse livro vem em muito boa hora.

O que você vai ler neste livro é a visão do método Tríade por outra pessoa, um texto incrível, direto e de fácil aplicação. Totalmente ligado à experiência do Alexandre em sala de aula e também em consultoria. Recomendo que aplique os conceitos e que veja os resultados em sua rotina no dia a dia.

Você não pode dar mais dias à sua vida, mas tem a obrigação de dar muito mais vida aos seus dias! Boa gestão do tempo para você.

Christian Barbosa

1
Tempo: vilão ou aliado? Você decide!

Hoje em dia o ritmo alucinante do trabalho, as constantes pressões, os prazos apertados, as urgências, as cobranças e as expectativas por resultados no menor tempo possível e com a melhor qualidade provocam inevitavelmente uma amarga sensação de impotência. Mas qual seria a causa de tudo isso? Muitos responderiam que é a falta de tempo. Em todos os setores de nossa vida, culpamos a falta de tempo. O tempo é, hoje, um grande vilão?

Muitas demandas e excesso de prioridades nos fazem implorar de joelhos por mais tempo. Porém, o que estaríamos dispostos a fazer se pudéssemos renegociar com o Criador um dia com 36 horas? O que estaríamos dispostos a dar em troca por mais essas 12 horas?

Contudo, se Deus nos desse mais 12 horas, todos os dias, o que de fato faríamos? Será que, em questão de segundos, não estaríamos desejando mais horas em nosso dia? Então, o que é preciso para, de fato, começarmos a viver melhor e organizar nosso tempo? Mais horas? A capacidade de parar ou voltar o tempo? Ou não seria mais sábio melhorarmos nossa capacidade de viver nosso tempo? Organizar, planejar, definir, executar e viver intensamente as coisas realmente importantes em nossa vida. E tudo isso com alegria e tranquilidade.

Talvez, para alguns, o aprendizado mais difícil será a compreensão de que temos tempo suficiente para fazer o que é importante, o que é essencial e o que nos trará resultados verdadeiros e duradouros. Quando entendemos como tornar nosso tempo um aliado, esse aprendizado de que podemos fazer o importante, o essencial e o que nos trará resultado começa a ficar mais fácil. Estes dois conceitos, aliado e vilão, nos ajudarão daqui para frente. O tempo-aliado nos ajudará a entendê-lo, o tempo-vilão acusará, roubará, reclamará. Entretanto, no fim, até os mais ansiosos pelo milagre das 36 horas irão descobrir que o tempo-vilão também é um duro professor.

O tempo é o vilão quando o perdemos. Quando ele nos oprime e nos empurra contra a parede. Quando chega sem avisar e vai sem se despedir. Quando é escasso demais para fazer o que precisamos. Quando demora para ir embora, quando sentimos saudade ou dor. Quando vai embora rápido demais quando estamos fazendo algo de que gostamos. Quando somos imprudentes. Quando deixamos tudo pra depois. Ah, o tempo! Vilão que nos pega de surpresa quando não planejamos. Algoz que impede nossos sonhos de se realizarem. Carrasco quando não sabemos definir o que queremos fazer com ele. Cruel quando não aprendemos com ele. Disciplinador severo que nos pune com o arrependimento pelo tempo que jogamos fora. E, acima de tudo, o tempo é um vilão implacável quando não o amamos, quando não o convidamos para ser nosso amigo e nosso aliado.

O tempo é o aliado quando o encontramos. Quando está do nosso lado. Quando temos tempo para fazer o que escolhemos fazer. Quando ele é bem administrado por nós. Quando chega sem avisar, mas estamos presentes para recebê-lo. Quando vai partir, mas nos avisa que vai voltar porque o tratamos bem. Quando leva embora nossa dor rapidamente, porque passamos a olhar para o futuro com esperança. Quando estamos fazendo algo que nos agrada e temos consciência de que ele não para, mas pode voltar sempre. Quando sabemos que certos momentos não vão se repetir e que por isso devemos vivê-los com toda a nossa alma, nosso espírito e nosso coração. Quando somos prudentes. Quando antecipamos tudo o que pode ser antecipado. Quando não deixamos para amanhã o que podemos fazer hoje. Quando nos planejamos. Quando investimos nele para sonhar e trabalhar pelos nossos sonhos. Quando investimos nele para definir o que queremos e o que não queremos aceitar na vida. Quando somos decididos e disciplinados. Quando aprendemos com ele, ele se torna mais do que um aliado, se torna um mestre. Quando investimos nele para ensinar os outros. Quando pedimos perdão pelos nossos erros. Quando o amamos e o convidamos para nossa vida. Quando dedicamos um pouco dele para amar a Deus e aos nossos semelhantes. E, principalmente, quando deixamos de chamá-lo de vilão.

Valerá a pena investir um pouco de tempo para aprender a se organizar. Afinal, "tudo vale a pena quando a alma não é pequena", como diria Fernando Pessoa. E são as grandes almas que fazem grandes os pequenos segundos. São as grandes almas que vivem intensamente seu tempo com sabedoria, dando aos milésimos de segundo um significado maior, muitas vezes transformando-os em uma eternidade. Porque, enfim, cedo ou tarde compreenderemos que não será a quantidade de horas vividas, mas a intensidade e a qualidade que responsavelmente escolhemos colocar em nosso tempo, que nos fará sentir que a vida vale a pena.

Na correria do dia a dia, como podemos aprender a gerenciar, administrar e organizar melhor nosso tempo? Há muitas maneiras, uma delas, que você já escolheu, será com as dicas deste livro. Sugiro, então, que você pare um pouco, ou melhor, reserve um tempo para pensar em como utiliza o próprio tempo.

No tumulto das urgências cotidianas não nos permitimos refletir sobre essas importantes questões. E o resultado é que, sem investirmos tempo em administrar nosso tempo, ficamos cada vez mais inaptos, incapazes de conseguir gerenciar esse recurso vital. O tempo é uma das ferramentas que nos possibilita realizar sonhos, ideais e objetivos. O tempo bem-gerenciado se transforma em um excelente recurso para vivermos melhor nossos relacionamentos e para fazermos a diferença positiva em nossa vida e na vida daqueles que amamos.

Nunca é tarde ou cedo demais para começar a viver nossos sonhos. Até o último instante podemos aprender a valorizar o tempo. Então, vamos começar?

2
Para que você precisa de mais tempo?

Você já percebeu como as pessoas reclamam? Principalmente da falta de tempo. Mas, quando você pergunta o que querem ou gostariam de fazer se tivessem o tempo que dizem faltar, o que elas respondem? Você já se fez essa pergunta? Faça uma experiência: questione alguém que reclama de não ter tempo sobre o que faria com duas horas a mais no dia. Ouça atentamente. Você perceberá uma relação parecida com aquela situação típica de quando ouvimos sobre um prêmio milionário na loteria e começamos a pensar o que faríamos com os milhões. Você já deve ter feito isso, não? O que a princípio parece uma brincadeira, no entanto, revelará algumas verdades profundas.

Todos têm uma ideia do que fariam, na realidade uma vaga ideia, se ganhassem na loteria. É raro conhecer alguém que saiba com exatidão o que faria. A maioria sempre acaba dizendo que colocaria o dinheiro na poupança, viveria de renda e pronto, tudo resolvido com paz e conforto. Em geral, o que notamos é que não existe um planejamento bem-estruturado. Será que não estamos fazendo a mesma coisa com o nosso tempo? Será que estamos sabendo investi-lo corretamente para que ele nos dê conforto e paz? Tempo bem-organizado é sinônimo de bom investimento, e o resultado será segurança, tranquilidade e a certeza da realização dos sonhos.

PERFIS DOS "SEM-TEMPO"

A experiência de perguntar aos outros o que fariam com mais tempo mostrará que há três tipos de perfis. O primeiro perfil é daquele tipo de pessoa que reclama da falta de tempo por estar totalmente sobrecarregada com demandas maiores que suas capacidades de execução, cumprimento de responsabilidades, urgências etc.

O segundo perfil é daquele tipo de pessoa que reclama por não saber o que fazer com o tempo "de sobra" que possui (são aquelas pessoas que realmente têm todo o tempo do mundo, todavia acabam reclamando que o tempo não passa). *É mais difícil encontrar pessoas assim*, você pode pensar, porém nem tanto. A experiência mostrará que, em geral, tais pessoas, quando têm um tempo de sobra, estão ou tão cansadas ou tão sem rumo que acabam por deixar o tempo passar.

Já o terceiro perfil é daquele tipo de pessoa que sabe o que fazer com seu tempo porque *escolhe* o que fazer com ele; elas planejam, organizam e criam estratégias para resolver os problemas que as impedem de realizar o que determinaram. Devido a essa postura reclamam bem menos e agradecem bem mais.

Depois desse breve esclarecimento, devemos começar a entender que só conseguiremos mais tempo quando, de maneira clara, dermos um propósito para esse tempo. O primeiro passo será definir por que você quer mais tempo, para fazer o quê, e quanto tempo gostaríamos de ter para os diversos setores da vida, como família, profissão, saúde, lazer, relacionamentos, amigos, espiritualidade, finanças ou outras áreas da vida em que atuamos.

PERGUNTE A VOCÊ MESMO

Escreva uma resposta para as perguntas a seguir. Escrever materializa um pensamento e aumenta a autocobrança. Escrever ajuda o cérebro a visualizar melhor o que queremos e a traçar uma ideia que nos ajudará a chegar ao que traçarmos. Escrever também vai nos auxiliar com um registro das fases em que estamos, de como nos sentimos e dos nossos valores mais importantes.

• *Por que eu quero mais tempo?*
Seja convincente na resposta. Abra seu coração. Seja também persuasivo, imagine que você só conseguirá mais tempo se explicar de forma sincera, honesta e verdadeira o real motivo da sua exigência. Não vale dizer "eu quero porque quero" ou "eu quero porque preciso". Até vale, mas será uma resposta infantil, não acha? Às vezes a criança não sabe explicar o que sente, apenas quer e bate o pé. A hora de bater o pé será a hora de persistir no plano para ter mais tempo, agora é importante reconhecer verdadeiramente o porquê. Acredite, não será perda de tempo pensar um pouco e escrever o registro.

• *Quero mais tempo para fazer o quê?*
Cabe aqui escolher os setores da vida a que queremos dedicar mais tempo. Também podemos pensar naquela lista de coisas que deixamos sempre para depois e nunca fazemos. As sugestões são muitas: um curso, férias, leituras, melhorar o convívio com os familiares, voltar a fazer caminhadas, passar mais tempo com os amigos etc. "Eu quero tempo para ler este livro." "Eu quero mais tempo para fazer aquela viagem." Esse momento será até prazeroso, e tenho certeza de que quando pensar no que quer fazer vai até dar um suspiro profundo. Lembre: quanto mais específico melhor.

• *De quanto tempo eu preciso para fazer o que escolhi?*
Escolher, definir, priorizar, administrar e gerenciar fazem parte da matemática que compõe a ciência da organização do tempo. E como o tempo pode ser comparado a um investimento, devemos saber como dividi-lo. Ou seja, quantas horas serão dedicadas para certa atividade? Logo, é fundamental que se pense em quanto tempo vamos dedicar a fazer o que escolhemos. Gostaria de ter uma hora para ir à academia? Gostaria de ter duas horas para brincar com seus filhos? Queria ter uma hora para trabalhar no seu projeto? Quantas horas para fazer o que você quer?

As três perguntas anteriores se complementam, e você inevitavelmente perceberá como uma acabará ajudando a responder as outras. A teoria não é nada sem ações práticas. As reflexões que vou sugerir ao longo deste livro serão sempre acompanhadas de ações práticas.

Portanto, depois de escrever de modo bem convincente os porquês, definir onde e quanto tempo investirá nessas ações, você sentirá que sua energia será outra, as pessoas notarão em você uma resolução e uma determinação típicas de quem sabe o que faz, sabe o que quer e é responsável pelas próprias escolhas. Garanto que quando você se olhar no espelho notará um brilho diferente no olhar. O brilho de quem começa a viver melhor seu tempo com sabedoria. O brilho de quem começa a recuperar o tempo perdido.

3
Quem roubou meu tempo? Encontre o culpado

Quando começamos a pensar sobre o tempo, inevitavelmente nos vem à mente o tempo que nos foi roubado. Tais pensamentos vêm sempre em companhia de sentimentos de decepção. Sentimo-nos lesados. Furtados em nosso recurso mais importante: o tempo. Sentimos raiva e procuramos um ou mais culpados pela nossa falta de tempo ou pelo tempo que nos foi roubado. Começamos a perceber o quanto de tempo nos foi tirado por causa das pessoas que nos cercam, percebemos quantas coisas deixamos de realizar por causa daqueles que roubaram nosso tempo. *Nosso tempo!* Começamos a perceber quanto tempo é roubado em situações diárias. Essa percepção é um processo, é como sentir uma dor, que nada mais é do que um aviso de que algo pode nos prejudicar. Porém, apesar da dor pelo sumiço do tempo nos trazer sentimentos de revolta, é um processo inicial que, se bem-direcionado, nos ajudará a organizar melhor nosso tempo, e que nos ensinará a compreender por que o desperdiçamos.

Na maioria das vezes, o ponto de mudança do ser humano é sempre uma situação que ultrapassa os limites do aceitável. Na maior parte das vezes, só conseguimos mudar algo em nós quando chegamos ao limite. Por que as pessoas permitem que isso aconteça? Difícil explicar! Rosana somente tomou jeito quando seu médico lhe disse que, se ela não emagrecesse dez quilos, não iria ver sua filha crescer. Então, ela começou a caminhar todos os dias. Carlos só parou de dirigir em alta velocidade e costurar no trânsito depois que quase matou a si mesmo e a sua família. Silvia só começou a organizar suas finanças depois que quase foi à falência. André só começou a dar valor aos seus relacionamentos importantes quando se deu conta de que ia perdê--los. Quantas situações assim vivenciamos ou já vimos acontecer com pessoas próximas?

Há vezes em que a mudança só vem depois que se ultrapassa o limite do tolerável. Rosana não emagreceu o suficiente e, que pena, teve um ataque cardíaco devido à sua pressão muito alta. Carlos? Não soube? Foi o único sobrevivente em um acidente de carro, perdeu sua família e se culpa até hoje. Silvia? Nem me fale dela, ainda me deve dinheiro, perdeu tudo o que tinha e ainda está com o nome sujo na praça. André? Separou-se da esposa, seus pais faleceram, seus filhos nem querem vê--lo. Hoje ele se arrepende, mas nunca deu o devido valor a nenhum deles. Acredita que ele nunca disse "eu te amo"?

A vida nos dá muitos sinais. A cada quilômetro do nosso caminho encontramos placas que nos avisam sobre o que estamos fazendo. Mas, por algum motivo, quase nunca nos damos conta disso até ultrapassarmos os limites. Com o tempo roubado é a mesma coisa. Quando iniciamos o processo de viver melhor nosso tempo, começamos a contabilizar o tempo roubado. O que faríamos com esse tempo que nos foi roubado? Imagine que você recebe um bônus em dinheiro pelo seu serviço todo mês e o deposita constantemente. Depois de alguns anos, você se lembra desse dinheiro a mais, e agora tem tudo o que precisa para realizar aquele sonho. Vai até o banco para ver o saldo. Pelas suas contas, será uma pequena fortuna. Então o gerente vem e lhe informa que você não tem mais nada daquele dinheiro. Devido a uma lei federal, todo o dinheiro aplicado naquele fundo foi confiscado. Não há mais o que fazer. Como você se sentiria? A quem culparia? Você procura todos os meios legais e percebe que não há nada a fazer. Não há mais volta. "Esse dinheiro está perdido para sempre", diz o gerente, e você querendo matá-lo, responde "perdido não, roubado!".

O CASTELO E O CIGARRO

Isso é mais comum do que pode parecer. Isso nos acontece a cada segundo. Há sempre alguém roubando o nosso tempo. Porém, há diferenças entre perder um dinheiro para o governo e ter o tempo roubado. Com trabalho árduo, sorte ou grandes ideias, você pode recuperar seu dinheiro e até, quem sabe, ganhar muito mais. Grandes empresários construíram grandes fortunas depois de terem perdido tudo. A diferença é que o tempo não volta atrás. É o recurso mais escasso. Não sabemos nem mesmo a quantidade de horas que teremos em nossa vida. Por isso ficamos tão irados contra aqueles que roubam nosso tempo.

Elcio participou de um treinamento de gestão de tempo. Em determinado momento do curso ele me interrompeu e declarou:

> Como administrar o tempo quando todos os outros o roubam? É mais fácil administrar o tempo quando se é sozinho. Se eu não tivesse esposa, uma filha pequena e um cachorro bagunceiro seria mais fácil. Se eu não tivesse pessoas no trabalho que sempre roubam meu tempo, eu teria como chegar mais cedo em casa. Se eu não tivesse tanto trabalho, teria tempo para estudar mais, para crescer. É muito mais fácil quando não temos todos esses fatores roubando nosso tempo! Vejo alguns amigos que são abençoados. Não têm esposa, filhos, cachorro; estão estudando, não precisam trabalhar porque o pai os sustenta e têm todo o tempo do mundo.

"Você conhece a história do castelo e do cigarro?", perguntei-lhe. "Deixe-me contar. Um homem encontrou um fumante e apresentou um cálculo matemático: 'Você sabia que, se você não fumasse, com o dinheiro que você gasta com cigarros daria para comprar um castelo, uma mansão?' 'É verdade?', pergunta o fumante, interessado. 'Sim, veja as contas', e mostrou os cálculos. 'Interessante!', disse o fumante, 'mas, me diga, você fuma?' 'Não, eu não fumo!' 'Então me leve até seu castelo.' E o matemático não tinha nenhum castelo. Porque apesar de não fumar, usava seu dinheiro para outras coisas." Foi assim que respondi ao Elcio.

Tudo é uma questão de ponto de vista. Como você está vendo sua vida, pelo aspecto positivo ou pelo aspecto negativo? Veja que bênção é ter uma esposa, uma companheira. Quantas pessoas não conseguem nem um casamento? E que bênção é ter um filho. Quantas pessoas não conseguem ter filhos? Que mérito ter um trabalho, enquanto há pessoas desempregadas. Assim como Elcio, muitos não conseguem perceber o lado positivo das coisas, preferindo culpar os outros. Mas tudo é uma questão de escolha, de planejamento ou da falta dele. O caminho mais fácil, que depois se transforma no mais árduo, é culpar os outros. A gestão do tempo nos ensina a planejar cada coisa que queremos, pois tudo se reflete em uma escolha que nos tomará tempo. *Tenho tempo para fazer essa faculdade agora? Quero dedicar esse tempo para essa meta? Quero ter um cachorro, mas vou ter tempo para passear com ele e treiná-lo?* Existem muitas coisas que roubam nosso tempo, isso é verdade. Mas muitas perdas poderiam ser evitadas com planejamento, ou com a simples reflexão de quanto tempo isso nos demandaria.

Você poderia fazer uma lista de pessoas e coisas que roubaram seu tempo? Certamente, mas não perca seu tempo com essa lista, a não ser que vá perdoar cada pessoa e cada situação. Para cada coisa que rouba nosso tempo, podemos criar estratégias para evitá-las ou em muitos casos minimizar ao máximo seus impactos. Quando redirecionamos nossa vida e realinhamos nossas metas; quando compreendemos que nossas escolhas são o resultado do planejamento ou da falta dele; e quando entendemos que sempre podemos aprender com nossas escolhas e que, com esse aprendizado, podemos fazer novas escolhas, e começamos a entender que ninguém rouba nosso tempo sem nossa permissão.

Se você quer ter um bom aproveitamento do seu tempo, não deixe que o sentimento de culpa ou o desejo de culpar os outros roube o seu tempo mais uma vez. Seja objetivo na análise de quem roubou seu tempo, aprenda com a situação e planeje uma estratégia para evitar esse roubo de tempo em uma próxima vez.

As frases a seguir são ditas por pessoas que ainda não reconheceram que são elas as responsáveis por proteger seu tempo e por não permitir que ele seja roubado. Além de aprender com a situação e de planejar uma estratégia para não ter o tempo roubado outra vez, procure perdoar os outros, principalmente o verdadeiro culpado.

- *Meu pai roubou o meu tempo porque não me deixou fazer a faculdade que eu queria;*
- *Minha esposa roubou meu tempo porque casamos muito cedo;*
- *Meus filhos roubaram meu tempo porque vieram antes da hora;*
- *Meus amigos roubaram meu tempo porque sempre me chamavam para sair;*

- *Meu trabalho roubou meu tempo porque eu não conseguia estudar;*
- *Minha faculdade roubou meu tempo porque não serviu para nada.*

O que podemos perceber em cada frase? O passado não pode ser mudado. Podemos sempre criar um novo amanhã quando aprendemos e entendemos o resultado das nossas escolhas. Devemos perdoar em primeiro lugar a nós mesmos, depois os outros. O perdão nos faz seguir em frente. Não perdoar nos faz perder tempo, arrastando a raiva e os sentimentos de culpa que não levam a lugar algum. Precisamos nos perdoar porque descobriremos que foi a nossa incapacidade em dizer não que nos fez aceitar certas "imposições". Temos que nos perdoar porque descobriremos que a nossa incapacidade em...
saber o que é importante para nossa vida;
saber o que queremos;
saber a relevância da gestão do tempo em nossas atividades;
saber planejar;
saber focar;
saber fazer as escolhas certas...
foram os fatores determinantes que acabaram facilitando os grandes roubos do nosso tempo. Quem deixa o tempo ser roubado permite que sua vida seja roubada. Agora, como deveríamos reescrever e encontrar um novo significado para nosso passado? Veja a situação a seguir, apresentada por um dos alunos do treinamento em gestão de tempo.

> Meu pai não roubou meu tempo. Ele me deu a oportunidade de ter uma faculdade. Quantos tentam e não conseguem? Sou grato. Fiz amigos, aprendi algumas coisas. Poderia tê-lo persuadido a fazer outra faculdade? Talvez. Da próxima vez que enfrentar uma situação parecida, vou expor meu ponto de vista. Serei firme nas minhas escolhas, assumirei a responsabilidade. Hoje estou mais certo da faculdade que quero fazer, já tenho experiência e um diploma, o que facilita para mim a obtenção de um emprego melhor.

Veja o exercício que aplicamos com a experiência relatada:

- Aprendizado: tenho que aprender a dizer não. Saber bem o que quero. Planejar melhor. Ser responsável, assumir o risco e a responsabilidade pelas minhas escolhas.
- Gratidão: sou grato. Hoje tenho uma faculdade, fiz amigos, aprendi muitas coisas.
- Pontos positivos: conheci pessoas. Estou mais certo e confiante. Tenho um diploma.
- Estratégia: saberei traçar metas mais claras, pertinentes à minha vida e vou me planejar melhor. Vou ensinar minha família a se planejar e a aproveitar o tempo juntos.
- Perdão: Perdoo a mim mesmo. Perdoo a situação e todos os envolvidos.

As frases acima foram ouvidas nos treinamentos de gestão de tempo. Todo mundo tem uma resposta para quem roubou seu tempo. Qual é a sua? Escreva sua resposta pensando no aprendizado, na gratidão, nos pontos positivos, traçando estratégias para não voltar a cometer os mesmos erros. Lembre que só perceberemos que somos roubados se estivermos desprotegidos e se não vigiarmos nossas atitudes com relação ao nosso tempo e as nossas escolhas.

4
Descubra os ladrões do tempo: torne seu inimigo visível

Os ladrões de tempo existem. Podem ser fatores internos ou externos. Em nada adianta culpá-los. Vimos no capítulo anterior que sempre temos nossa parcela de responsabilidade, foram nossas escolhas ou a falta de escolhas acertadas que permitiram que roubassem nosso tempo. Podemos até argumentar que os outros nos forçaram, mas, no fundo, sempre tivemos uma escolha.

O imperador Napoleão Bonaparte dizia que os ladrões de tempo são os piores inimigos, pois eram os únicos que não podiam ser castigados. A marca dos grandes líderes da história sempre foi a capacidade de estar à frente de seu tempo. Os líderes, os grandes visionários, empreendedores, empresários de sucesso, artistas vanguardistas, escritores, tinham a capacidade de fazer um bom uso do tempo, por isso produziram seu legado. Eles não tinham tempo a perder. Napoleão dizia que ele se permitia perder o espaço, porque o espaço era físico e poderia ser recuperado, mas jamais poderia se permitir perder o tempo, porque o tempo não podia ser recuperado.

Identificar os ladrões de tempo é essencial para conseguirmos uma maior percepção do que está acontecendo no nosso dia a dia e daquilo que nos faz não ter o tempo de que tanto precisamos. Em geral, esses ladrões de tempo são invisíveis. Pense em alguém que entra inesperadamente em uma casa à noite, quando todos estão dormindo, e que, devido à escuridão, ninguém o percebe, ninguém o ouve. Se soubéssemos que ele viria, nos prepararíamos; se pudéssemos vê-lo se aproximar, chamaríamos a polícia. Com os ladrões de tempo temos de agir preventivamente, mas, antes disso, temos de saber quem são eles e como agem.

O lutador de boxe e campeão mundial Muhammad Ali dizia ser tão rápido que ninguém podia vencê-lo, porque ninguém podia lutar contra aquilo que não se podia ver. Os ladrões de tempo podem ser vencidos quando conseguirmos ver quem eles são, como agem e quando estão se preparando para nos atacar. A gestão e organização do seu tempo depende de pequenos detalhes. Precisamos começar a identificar cada um dos ladrões de tempo e nos preparar para impedi-los de agir antes que nos ataquem. Essa é a essência da vitória contida em cada grande estratégia de conquista.

A história comprova esse pensamento. Todas as guerras foram vencidas porque um general se antecipou às jogadas de seu inimigo. Saber quem roubou o nosso tempo serve para aprendermos que nós somos e fomos os únicos responsáveis por nossas escolhas, serve para perdoarmos e encontrarmos o lado positivo em cada situação. Saber identificar os ladrões de tempo serve para nos precavermos, criarmos estratégias práticas, mudarmos nossa postura em relação aos ladrões de tempo, ficarmos alertas e evitarmos novos ataques.

E QUAIS SÃO OS PRINCIPAIS LADRÕES DE TEMPO?

E-mails, reuniões improdutivas, trânsito, mensagens instantâneas, Facebook, cafezinhos, interrupções, ligações, pessoas prolixas, urgências, muitas tarefas, demandas imprevistas, doenças, acidentes, falhas, delegação ineficaz, não saber dizer "não", programas de televisão fúteis, atrasos, clientes, relatórios para ontem, comunicados, excesso de informações, desorganização, falta de informações essenciais, falta de planejamento pessoal, falta de planejamento de terceiros, falta de foco, desatenção, cansaço, estresse, BlackBerry, filas, festas em que não se conhece ninguém, eventos sem importância, telemarketing, contas vencidas, contas a pagar, procurar uma vaga para estacionar, esperar o médico, atender fornecedores, esperar ser atendido pelo cliente... A lista é o resultado de uma dinâmica em que pedimos aos participantes dos treinamentos para listarem os principais ladrões de tempo. O mais interessante é notar que a lista é sempre igual. Apesar de existirem empresas de diferentes segmentos, pessoas de várias idades e cargos diferentes, tudo o que foi listado se repete constantemente.

Os ladrões de tempo podem ser qualquer coisa, não é verdade? Então tudo rouba o nosso tempo? Tudo pode ser um ladrão de tempo dependendo da situação. Um ladrão de tempo é uma atitude sua ou de outrem, é uma coisa que acontece, é todo aquele momento que não trouxe resultado, que trouxe algum tipo de prejuízo ou atraso em um projeto ou situação. Em geral, os ladrões de tempo nos causam irritação, raiva e um sentimento de frustração.

O objetivo em se levantar os seus principais ladrões de tempo é colocá-los em evidência, ficar alerta e criar uma estratégia para evitá-los ou minimizá-los. Se você não sabe o que o está atingindo, não conseguirá vencer seu oponente. Entender o problema é parte da solução. Qual a causa? A origem? Quando se manifesta? Quem, em geral, é o principal responsável? Alguém já conseguiu solucionar o mesmo problema? Como ele fez? Será que eu consigo fazer? Há algo que pode ser feito para evitá-lo? Para cada um daqueles itens da lista mencionada há uma solução simples, que muitas vezes pode ser aplicada em grande parte das situações. Alguns ladrões de tempo vão requerer estratégias mais bem-elaboradas e demandarão um pouco mais de energia e envolvimento de mais pessoas. O filósofo Aristóteles afirmou: "Se um problema tem solução, não há porque se preocupar. Se um problema não tem solução, não há porque se preocupar."[1] Gosto dessa frase porque me faz lembrar que temos de fazer tudo ao nosso alcance para solucionar um problema. Quando vemos que o problema tem solução ficamos mais tranquilos; em contrapartida, se mesmo fazendo tudo ao nosso alcance o problema não possa ser solucionado, então fazer o quê? Para que se preocupar? Sei que nem sempre conseguimos ter essa tranquilidade, mas é uma boa maneira de desenvolver mais paciência. Temos de ter em mente que muitos ladrões de tempo podem ser eliminados, outros podem ser amenizados e alguns não poderão nem ser eliminados nem minimizados. O quadro a seguir ajudará a conhecer nossos ladrões e a criar estratégias para eliminá-los. Estes foram exemplos reais de dinâmicas aplicadas em empresas.

Ladrões	Problema	Estratégia	Ação prática
Reuniões	- Reuniões improdutivas - Reuniões sem foco - Excesso de reuniões com motivos irrelevantes - Falta de pauta - Dificuldade de conclusão - Participantes inadequados	- Determinar objetivos previamente - Determinar tópicos e o tempo gasto em cada um - Envolver participantes pertinentes ao assunto	- Resultados esperados: próximos prazos - Redigir ata - Definir líder e redator da ata
E-mails	Quantidade e administração de e-mails	- Eliminar spams - Ler e-mails e qualificá-los - Criar regras para filtrar e-mails importantes - Determinar horários para leitura	- Aplicar regras para mover o e-mail indesejado ou bloquear o remetente - Analisar se o conteúdo é importante e definir: arquivar ou agir (tarefas) - Marcar e-mails - Redirecionar para pastas (filtro) - Ler e-mails três vezes ao dia, limitado a duas horas/dia
Telefone	Interrupções	Limitar horário de atendimento das ligações	- Utilização de secretária eletrônica - Direcionar as ligações para outra pessoa do departamento

Ladrões	Problema	Estratégia	Ação prática
Communicator*	Interrupções	Colocar regra já disponível no sistema	Habilitar a regra de não incomodar
Interrupções presenciais	- Pessoas externas, colegas de trabalho	- Determinar o horário de atendimento -Negociar horário individualmente	- Direcionar atendimento conforme revezamento - Negociar horário - Retirar cadeira vazia
Excesso de tarefas	- Ser multitarefa, fazer várias coisas ao mesmo tempo	- Focar em uma atividade por vez - Planejamento	- Priorizar atividades - Delegar atividades circunstanciais
Perda de foco, cafezinhos, conversas	- Ligações, visitas inesperadas	- Manter a concentração - Foco e planejamento	- Definir horários para abertura de e-mails e realizar ligações - Saber falar "não" de maneira assertiva
Urgências e demandas externas	- Tarefas urgentes inesperadas que surgem dos outros	- Melhor planejamento das tarefas - Manter o foco e o planejamento	- Planejar a semana, deixando um espaço de tempo para eventuais urgências
Trânsito	- Atrasos, congestionamento	Otimizar o tempo; sair com antecedência	- Ouvir audio-livros - Planejar rota

* Espécie de chat corporativo denominado "comunicador". (N.A.)

Coloque em evidência o seu ladrão de tempo e crie estratégias. Entenda o porquê de os ladrões surgirem e quando isso acontece. Qual é a sua postura quando eles surgem? Como poderiam ter sido evitados? Crie uma estratégia prática para cada caso, o que você vai fazer da próxima vez que acontecer. Pergunte aos seus colegas de trabalho como lidam ou lidaram com seus ladrões de tempo. Uma estratégia que deu certo para alguém pode ser utilizada por você com resultados satisfatórios. Combater os ladrões de tempo requer disciplina e vigilância, pois muitos deles são criados por nós mesmos. É nossa responsabilidade ajudar os outros a compreenderem o que são e os prejuízos que os ladrões de tempo causam. Quando uma consciência correta sobre o tempo é aprendida, ganhamos tempo e evitamos a proliferação dos ladrões. Quando a utilização correta das ferramentas como e-mail, chats, entre outras, é normatizada, diminuímos a quantidade de ladrões. E o principal: quando utilizamos uma maneira de classificar o tempo baseada em uma matriz do tempo mais eficaz, começamos a focar nosso tempo na esfera correta e inevitavelmente os ladrões começam a ser anulados ou transformados em ajudantes do tempo.

5
Matriz do tempo: as esferas da tríade do tempo de Christian Barbosa

No capítulo anterior tratamos dos ladrões de tempo. Tratamos superficialmente de uma matriz do tempo eficaz. Mas o que vem a ser a matriz do tempo? Uma definição rápida da palavra matriz pode ser "lugar onde alguma coisa é criada; estabelecimento principal de uma instituição pública ou privada, onde se centralizam as suas atividades e que comanda as sucursais".[2] A matriz poderia ser também entendida como um molde que será usado para reproduzir algo. Também associamos a matriz como um lugar de comando, que centraliza e coordena as demais filiais de uma empresa. Em resumo, as empresas, as indústrias e as instituições seguem uma matriz.

Esse conceito também se aplica ao tempo, ou seja, nossas atividades seguem uma matriz do tempo, um molde, um padrão. Os grandes pensadores desse conceito relacionado ao tempo foram o general Dwight Eisenhower, Stephen Covey e o brasileiro Christian Barbosa. O primeiro desenvolveu o princípio da matriz, o segundo aplicou a matriz para o gerenciamento do tempo e o terceiro inovou e criou uma nova teoria que melhora a aplicação e facilita o entendimento de nossas atividades relacionadas ao uso do tempo como uma trindade.

A tríade do tempo de Christian Barbosa é uma teoria prática e aplicável que divide o tempo em três esferas. Ela pensa na matriz não como um quadrado, mas como uma tríade. A teoria de Christian foi uma inovação e uma simplificação dos princípios de Eisenhower e Stephen, bem como uma nova maneira de pensar e de olhar o tempo.

A matriz quadrada do tempo, de Dwight e Stephen, propõe que as atividades sejam divididas em quatro quadrantes com base nos critérios de importante e urgente. No primeiro quadrado são colocadas as coisas importantes e urgentes ao mesmo tempo; no segundo quadrado são colocadas as coisas não urgentes, porém importantes; no terceiro quadrado as coisas não importantes, porém urgentes; e no último quadrado coisas que não são importantes e não são urgentes. Na teoria da tríade do tempo, nossas atividades podem ser classificadas entre três conceitos distintos: importante, urgente e circunstancial. São três esferas que, distintas e separadas, não se confundem, não se misturam. Ou seja, uma coisa não pode ser importante e urgente ao mesmo tempo. Se é importante, está dentro do prazo; se a atividade passou do prazo, deixou de ser importante e virou urgente. Circunstancial são aquelas atividades que não trazem resultados. São muitas vezes situações e ações incidentais que acabamos fazendo, mas que não estamos de pleno acordo, ou são aquelas coisas que podem ser urgentes ou importantes para outras pessoas. Um sinônimo de circunstância é perda de tempo.

A teoria de Christian é a que sigo e aplico em minha vida. Fui adepto da matriz quadrada do tempo, mas sempre tive muita dificuldade em classificar as tarefas utilizando os critérios de urgente e importante ao mesmo tempo. Na prática, eu percebia que as atividades colocadas no quadrado das coisas não importantes e não urgentes nunca eram feitas. A metodologia da tríade e a conceituação das três esferas foram um divisor de águas, uma maneira mais simples e objetiva de pensar o tempo, de pensar as atividades, de dar foco e evitar as urgências, de eliminar as circunstâncias que roubam nosso tempo. Uma das melhores definições de gênio que já encontrei é a que diz que o gênio é aquela pessoa capaz de transformar coisas complexas em simples. Esse é o sentido de simplificar para agilizar e ganhar tempo. Sou adepto do método da tríade, por experiência e prática, mas o importante é ter algum método que o ajude a classificar o tempo.

A ideia de classificar o tempo de acordo com as três esferas nos ajuda a entender como estamos usando o nosso tempo nas tarefas diárias. Em geral, tudo o que fazemos vai se encaixar em um das três esferas, seja uma simples ligação telefônica, um e-mail que recebemos ou enviamos, uma festa, um curso, uma conta a pagar, um evento, uma informação, enfim, tudo pode ser classificado de acordo com um dos três conceitos: importante, urgente ou circunstancial. Adiante, vamos compreender como se caracterizam cada uma das esferas; entender bem cada uma delas dará a você mais clareza sobre como utilizar e focar suas atividades na esfera correta.

Importante

As atividades importantes têm prazo. Estão ligadas a papéis importantes da sua vida. Trazem resultados em curto, médio e longo prazo. Estão ligadas com sua missão de vida. Trazem bem-estar e equilíbrio. Quando você as realiza, está tendo sempre algum tipo de satisfação. Você sente prazer em executá-las, pois, no seu íntimo, sabe que isso tem a ver com resultados, satisfação e metas. As atividades importantes são pessoais. Dizem respeito a você, ao que você gosta de fazer, às pessoas importantes para as quais quer dedicar seu tempo, às coisas que o motivam e trazem satisfação.

Às vezes o que é importante para você pode não ser importante para outros e vice-versa. Daí a necessidade de se respeitar e entender o que é importante para cada pessoa. O que é importante para você? Faça uma lista de prioridades. Pense em tudo o que considera importante, o que vai lhe trazer equilíbrio, bem-estar, realização e bom aproveitamento do tempo. Descreva essas atividades não apenas em conceitos genéricos. Saúde? O que é importante com relação à saúde? Fazer exercícios, alimentar-se bem, controlar o estresse? Como você vai transformar esses conceitos em atividades práticas e executáveis? Manter nosso tempo na esfera do "importante" é a solução para termos o controle da nossa vida e do nosso tempo. Coloque atividades na sua agenda classificadas como importantes, transforme conceitos genéricos em coisas específicas e executáveis no seu dia a dia. Assim, com pequenas atividades importantes, seu tempo vai sendo cada vez mais vivido na esfera correta. Devemos manter a maior parte do nosso tempo na importância e evitar as urgências.

Exemplos: Ficar com a família; passar um tempo sozinho; cuidar do corpo e da saúde; planejar, estabelecer metas e realizá-las; passear com o cachorro; brincar com os filhos; estudar; fazer cursos ligados a seu desenvolvimento; frequentar festas; realizar reuniões focadas; visitar clientes; organizar as finanças; dar apoio às pessoas; ouvir suas músicas preferidas; tocar um instrumento...

Urgente

Como classificamos as urgentes? São aquelas atividades, tarefas ou situações que devem ser executadas imediatamente, pois se não forem sanadas de imediato causam problemas maiores e aumentam o estrago. A diferença da urgência e da importância é a questão do prazo: se existe tempo para fazer uma tarefa ela ainda é importante; se deixamos para a última hora ou o prazo vencer, criamos uma urgência, ou melhor, deixamos que se tornasse uma urgência. As urgências vêm sempre carregadas de estresse, geram desconforto e sentimentos de arrependimento, impotência e raiva. O prazo esgotou, acabou, passou. As urgências são os incêndios que temos de apagar por causa de imprevistos e, na maioria das vezes, porque falhamos em planejar, antecipar ou prever.

Muitas urgências são demandas de última hora de outras pessoas, que esquecem ou deixam estourar o prazo. Os exemplos são muitos, mas perceba como muitas dessas urgências poderiam ter sido evitadas.

Hoje em dia vivemos a política do urgente. Empresas e pessoas vivem apagando incêndios. Há um excesso de coisas que se tornam urgentes porque não foram bem-planejadas, ou, na maioria das vezes, foram esquecidas ou deixadas para última hora. As urgências ocorrem porque nos esquecemos de priorizar e planejar o importante. Cedo ou tarde o mecanismo do corpo humano pede um basta, pois não suporta as cargas excessivas de pressão e urgências. Por essa razão, é fundamental mudar a política do urgente para a política do importante.

Exemplos: Contas vencidas, carro que quebra (falta de manutenção preventiva), relatórios urgentes, imposto de renda, pagar o IPVA, reuniões de última hora, acidentes, falhas, trabalhos incompletos, doenças, estudar para prova no último dia, falhas em equipamentos etc.

Circunstancial

A esfera do circunstancial é um grande perigo para a vida e a produtividade, pois são aquelas tarefas, situações ou circunstâncias que não trazem resultado algum para nós. É sinônimo de perda de tempo. São coisas que nos trazem angústia, decepção e o sentimento de se estar contra a sua plena vontade. Se você tivesse conseguido dizer não ao convite daquela festa chata na empresa, estaria aproveitando o tempo em outra festa que fosse relevante para você, ou seja, que fosse importante. Percebe a diferença? Não é a atividade em si, mas a relevância que tem para sua vida. Uma festa pode ser importante quando relacionada a pessoas e situações que trazem satisfação e resultados. Uma festa pode ser circunstancial quando não acrescenta nada; quando, ao final, você fica com aquela sensação de que perdeu seu precioso tempo.

O circunstancial também são aquelas atividades que não levam a lugar algum, não trazem resultado algum e muitas vezes tiram seu foco. Aquele tempo excedido e que ultrapassa a normalidade é tempo perdido no circunstancial. Pessoas que não têm metas na vida acabam fazendo muitas atividades desse tipo, ou seja, desperdiçam o tempo sem saber para onde ir e acabam ficando horas em frente à tevê. O urgente ainda traz algum tipo de resultado, apesar da pressão e do estresse causados; já o circunstancial, não traz nada de proveitoso, porque, em geral, o circunstancial é o importante e o urgente dos outros, mas que nada tem a ver com você.

Exemplos: Bate-papos em excesso; cafezinhos que tiram o foco; reuniões urgentes e importantes para os outros; e-mails de correntes e piadas; atividades sem objetivo; querer agradar os outros indo a festas e eventos que você não está com vontade de ir; perdas de tempo desnecessárias com atividades que não trazem resultados; burocracias; retrabalhos devido a falhas de planejamento etc.

As esferas da tríade ajudam a entender como você está usando seu tempo. Sugiro que você faça o teste da tríade no site http://www.triadedotempo.com.br.

Devemos manter a esfera do importante acima de 70%, as urgências e circunstâncias devem ser eliminadas ao máximo. Entender cada esfera nos ajuda a negociar as atividades, quando o outro sabe o que é importante para você e quando você sabe o que é importante ao outro; isso ajuda a diminuir o circunstancial na família e no trabalho. Faça uma lista de atividades que sejam importantes para você e para sua família, atividades em comum que possam ser feitas por todos os membros. Faça o mesmo com sua equipe de trabalho. Faça também uma lista das últimas urgências e tente entender por que elas ocorrem, crie uma estratégia de prevenção e planeje para prevenir eventuais reincidências. Redija uma lista das atividades circunstanciais, entenda por que estão ocorrendo e crie uma estratégia para dizer não. Relate e mostre aos outros seus motivos e foque no que é importante. Na próxima semana, procure classificar cada uma das suas tarefas, atividades e eventos de acordo com uma das esferas: marque "I" se forem importantes, "U" se forem urgentes e "C" se forem circunstanciais. É uma boa maneira de começar a entender como você está utilizando seu precioso tempo.

6
Aplicação: se você nada fizer, nada terá como resultado

Quando meu irmão e eu éramos pequenos nossos pais nos ensinaram sobre a lei do uso. Se você não usar uma coisa, você a perderá. Comprovei essa lei por meio de uma experiência bem chata. Ganhei uma jaqueta muito bonita, mas a guardei porque estava sempre esperando o momento ideal para usá-la. Quando enfim o momento chegou, eu não cabia mais na jaqueta. Depois disso, sempre procurei usar tudo o que ganho. Aplico isso até para os dons que acredito possuir. Aplico essa lei sempre que participo de um curso. *Quanto do que aprendi nesse curso vou usar na minha vida?* E me programo para usar. Se não usar, com o tempo o aprendizado se perde. O corpo funciona da mesma maneira: se não usarmos nosso cérebro, ele embota; se não usarmos nossos músculos, eles se atrofiam; se não exercitarmos o coração, ele perde sua capacidade. A lei do uso e a lei da aplicação são similares. Se você não aplicar os conceitos propostos no seu dia a dia, com o tempo perderá os resultados; ou, como ocorre na maior parte das vezes, se não aplicar o que aprendeu nem mesmo conseguirá resultados.

Se fazemos as coisas sempre de uma maneira temos sempre os mesmos resultados. Se quisermos ter resultados diferentes temos de alterar a maneira de fazer as coisas. Portanto, quando sugerimos que certas técnicas e métodos sejam aplicados, estamos querendo dizer claramente: use isso que está sendo proposto em sua vida, todos os dias. Quantos cursos ao longo da vida já frequentamos? E quanto do que vimos nós realmente aplicamos?

Visitei uma montadora de peças automotivas e conversei com o diretor de RH da indústria. Ao chegar, a primeira coisa que o diretor me falou foi: "Estou cansado de ouvir sobre gestão de tempo. Eu quero que você me fale algo que eu ainda não sei, ou então algo diferente!" Notei ares de desânimo, cansaço e decepção naquele funcionário, como se nada tivesse produzido uma solução mágica para sua falta de tempo. Expliquei a ele que a gestão e a organização do tempo são técnicas que se aproximam muito. A gestão de tempo não é algo novo. Mas ainda que existam métodos diferentes de ensino da organização do tempo, modelos e matrizes diferentes, muitas consultorias distintas, ainda assim, algumas coisas são essenciais e precisam ser ditas sempre. Todas as metodologias que ensinam sobre o tema vão tratar dos mesmos fundamentos. Imagine que você vai falar sobre organização econômica e omitir o conceito de dinheiro. Não dá! Pensando dessa maneira, eu até poderia falar diferente, falar com outra abordagem, falar em outro idioma, mas certas coisas não poderiam ser esquecidas, certos conceitos fundamentais, ou seja, a pedra angular, teriam de ser repetidos. Voltando ao meu cliente na indústria de peças automotivas, pedi a ele que respondesse com sinceridade sobre quanto do que ele disse ter ouvido sobre organização do tempo ele efetivamente aplicava no dia a dia. Formulei seis perguntas:

1. Você planeja a sua semana?
2. Você separa em sua agenda as tarefas dos compromissos?
3. Você costuma fazer uma lista de atividades a serem feitas na semana?
4. Você estipula prioridades no seu dia?
5. Você classifica suas atividades em importante, urgente ou circunstancial?
6. Você estima a duração de cada tarefa em sua agenda?

Como eu já previa, ele não aplicava absolutamente nada do que dizia saber. Estava me preparando para fazer-lhe mais perguntas, porém, ele mesmo confessou: "Você tem razão, eu não tenho disciplina para aplicar isso diariamente. Até já tentei, mas não criei o hábito." Ele então me mostrou a bagunça que era sua mesa, sua agenda, sua lista de atividades. Não é magia, mas técnica, posturas, atitudes, hábitos, modelos mentais que as pessoas organizadas seguem e aplicam que trazem os resultados esperados.

Agora pergunto a você, leitor: Quanto do que você vai ler neste livro você vai aplicar na sua vida? Escreva o quanto pretende aplicar, se comprometa com você. Não precisa ser tudo de um dia para o outro, você terá muito tempo, se aproveitá-lo bem, é claro. Aplique aquilo que fizer sentido para você. Se você aplicar bem um único conceito, já terá valido a pena.

A aplicação é um fator de sucesso e garantia de resultados. Ninguém reclama de aplicar uma coisa quando está tendo resultados positivos. Você conhece alguém que reclama que está em uma dieta mas que já perdeu vários quilos? "Nossa, estou fazendo uma dieta e estou com um corpo perfeito! Que chato, eu estava melhor obesa, vou parar de aplicar essa dieta que está dando resultado!" "Nossa, estou aplicando dinheiro e estou ganhando bons juros! Ah, eu era feliz quando tinha dívidas!" Quem aplica os métodos certos e eficazes não reclama quando alcança bons resultados. As pessoas que mais reclamam são aquelas que não têm disciplina e força de vontade para aplicar o que está sendo proposto, não é verdade? Muitas delas acham que é mágica. Depois que você aplica uma série de ações e práticas que o levam a evoluir e ter resultados, dificilmente conseguirá não aplicar mais. Um novo modelo mental de sucesso foi inserido em você. Por isso é fundamental ter disciplina na aplicação. Um jeito simples de aplicar os conceitos aqui propostos é escrever suas respostas a cada pergunta contida nos textos, além de fazer os exercícios e reler os capítulos pelo menos duas ou três vezes. É uma boa maneira de memorizar e rever alguns detalhes que possam ter passado despercebidos em uma leitura inicial. Mantenha um caderno no qual possa escrever: "O que vou aplicar do capítulo 1?"; "O que vou aplicar dos capítulos seguintes?"

Que tal começar hoje? A partir do que você leu até agora, faça uma lista de pelo menos dez coisas simples que poderá aplicar no seu dia a dia.

Faça uma lista de aplicação para cada capítulo.

7
O que faz um bom administrador?

Quando pensamos em um administrador o que nos vem à mente? Um gerente? Uma pessoa que sabe conduzir bem um negócio? Alguém que organiza e gerencia recursos e demandas? Que faz um pouco de tudo? Que conhece as ferramentas administrativas? Aquele que conhece técnicas e tem sempre uma caderneta para anotar e controlar os resultados? Muitas imagens nos vêm à mente quando pensamos na figura do administrador. O que faz um bom administrador, gestor ou gerente? De certa maneira, todos nós temos algo de administradores (ou deveríamos ter). Da mãe que precisa administrar o orçamento da casa, cuidar dos filhos, orientar seus estudos, cobrar resultados e incentivar, ao gestor de equipes que precisa definir metas e prazos.

Muitos afirmam que não se deve confundir a gerência pessoal, como por exemplo a administração de uma casa, com a administração de uma empresa. Certamente há modelos e técnicas administrativas requeridas por uma empresa, contudo, quando pegamos a "manha" de um método, podemos aplicar em nossa vida muitos conceitos com bons resultados. Certa vez conheci uma moça que administrava muito bem seu tempo: mãe solteira de dois filhos pequenos com autismo. Quando foi procurar emprego, perguntaram-lhe se sabia administrar bem o seu tempo, ou seja, como ela faria para conciliar maternidade com trabalho. Ela então respondeu que foi a maternidade que a fez ser uma excelente administradora do seu tempo. Não demorou essa moça conseguiu um bom cargo dentro da empresa e ainda conseguiu criar sozinha seus dois filhos.

Todo bom gestor, gerente, líder ou chefe, será bem-sucedido quando souber administrar seu tempo, seja no âmbito pessoal, seja no profissional. O tempo não é um simples conceito. Ele é amplo, como a vida. E a vida é o que fazemos durante as 24 horas do dia. Por isso, gostaria de trabalhar um pouco o papel do administrador, do bom administrador, afinal temos de nos tornar gestores de nossa vida e de nosso tempo.

Henri Fayol foi o primeiro a definir as funções básicas do administrador. Outro grande nome da área, Peter Drucker, retrabalhou seus conceitos e definiu administração da seguinte maneira: planejar, organizar, dirigir e controlar.[3] Essas são as principais funções do administrador. E é o que vamos fazer com nosso tempo. Vamos imaginar que somos uma grande empresa e temos de assumir a gerência dela. Vamos planejar, estabelecer as metas, organizar os recursos, sendo o tempo o principal recurso a ser organizado. Vamos assumir a direção e a responsabilidade por fazer as coisas darem certo, liderando a nós mesmos e aos outros envolvidos diretamente em nossa vida, não nos esquecendo de controlar tarefas, demandas e o tempo destinado para cumprir cada parte do planejado.

Se você fosse contratar um administrador para sua empresa ou para suas finanças, que qualidades esperaria que ele tivesse? Descreva algumas qualidades essenciais. As qualidades que você espera encontrar nesse profissional são aquelas que você mais precisa para gerenciar a si mesmo. Agora contrate-o e lhe diga o que você espera dele. Parabéns. Vá até o espelho e veja seu novo contratado. Vamos começar?

8
O que é organização do tempo?

No princípio era o caos. E do caos surgiu a ordem. A ordem venceu o caos. O caos e a ordem foram criados pelo mesmo Espírito. O Espírito de Deus ordenou o mundo, pois achou que era melhor ter ordem do que caos.

Reduzido e recontado aqui com a devida licença poética, esse é um dos mais recorrentes mitos sobre a criação do universo, e se faz presente em todas as culturas da Terra. Hindus, gregos, persas, chineses, maias, tribos indígenas, tribos africanas e inúmeras outras civilizações e povos têm suas variantes e seus mitos da criação. A história bíblica do Gênesis revela mais do que uma narrativa acerca da criação, ela não é um mito. Ela nos mostra a primeira divisão do tempo. O primeiro ordenamento entre dia e noite, trabalho e descanso, manhã e tarde. E, claro, a divisão da semana em sete dias.

Ordem e tempo estão intimamente relacionados. Entretanto, poucos de nós conseguimos entender bem essa relação. Acredito que uma das principais razões para a falta de entendimento sobre o tempo seja uma deficiência em nossa educação. Nunca tivemos uma matéria na escola que nos ensinasse sobre a importância de administrar bem o nosso tempo. Talvez possa parecer óbvio demais, sem sentido ou pouco importante ensinar sobre um dos principais recursos naturais que possuímos. Afinal, por que precisaríamos aprender sobre o tempo? Será que todo mundo não sabe o que é o tempo? Por que deveríamos ensinar nossos filhos como organizar o próprio tempo? Por que esse tema deveria ser uma matéria escolar?

Poderíamos apontar como argumento da necessidade de se ensinar nas escolas a organização do tempo as pesquisas do escritor Napoleon Hill, que mostraram que a incapacidade de organizar e de fazer bom uso do tempo é a 23ª causa do fracasso na vida das pessoas[4]. O autor pesquisou por mais de vinte anos e revelou as 54 principais causas do fracasso. Não basta apontar o prejuízo que as empresas sofrem com a desculpa da falta de tempo: tempo desperdiçado com reuniões ineficazes, falta de tempo em planejar para evitar erros na execução de um projeto, ou o prejuízo ocasionado pelos constantes atrasos. Esses itens seriam difíceis de serem mensurados, mas se pudessem ser contabilizados não haveria computador que suportasse a grandeza do número perdido com essas horas desperdiçadas. Talvez, se aprendêssemos em casa e na escola como organizar o tempo, teríamos empresas mais produtivas e pessoas mais realizadas e equilibradas.

Para entender essa proposição devemos fazer uma reflexão sincera sobre a vida, nos fazendo perguntas como as seguintes:

- Quantos sonhos deixamos morrer porque o tempo passou?
- Quantos projetos atrasaram ou foram fracassados devido à falta de tempo?
- Quanto prejuízo a incapacidade de organizar bem nosso tempo nos causou?
- Quantos relacionamentos se deterioraram por não darmos o tempo devido a eles?
- Em quantas provas tiramos notas baixas porque não estudamos tempo suficiente?
- Quantas contas deixamos de pagar no prazo e pagamos com multa?
- Quantas estratégias foram derrubadas por causa da falta de planejamento do tempo? Quantos bons negócios perdemos por causa dos nossos atrasos?
- Quanta vida deixamos de viver porque o tempo passou rápido demais?

Refletindo a partir dessas perguntas começamos a perceber que cada segundo é importante; não é apenas uma metáfora pensar em cada segundo como se fosse um pequeno grão de areia que cai na ampulheta do tempo. A soma de todos os pequenos grãos das areias do tempo fará a diferença no final. Aprender sobre a organização do tempo não é algo óbvio demais, que deva passar despercebido; é extremamente necessário tornar esse aprendizado consciente.

A importância do tempo está em cada segundo, da manhã e da tarde, do dia e da noite, do trabalho e do descanso, nos sete dias da semana, por todas as nossas horas até o fim dos nossos dias. O tempo rege nossos destinos; ele nos foi dado para que realizemos nossos destinos. E só conseguiremos a plena realização pessoal, profissional, espiritual e emocional quando aprendermos que o tempo pode e deve ser regido por nós.

Apesar de termos muitas atividades dirigidas pelo relógio, ainda assim não aprendemos de fato a importância real e prática da organização do tempo. Necessitamos aprender a organizar o tempo de modo integrado, equilibrando todas as áreas da nossa vida. O tempo deve ser utilizado consciente e organizadamente no âmbito pessoal e profissional, seja na realização de projetos, metas ou sonhos, seja na condução de uma reunião e ainda nas atividades prazerosas com nossos familiares. A cada simples e óbvia situação cotidiana necessitamos aprender a organizar o tempo. Quando aprendemos, passamos a ensinar aos outros com nossos exemplos e realizações.

Meu objetivo é mudar o conceito sobre organização do tempo, que deve ser algo prazeroso, um hábito saudável, uma maneira de viver mais focada no que é importante com vista à própria realização. Organizar o tempo será como andar de bicicleta, uma vez que se aprende, apesar dos tombos e tropeços, nunca mais se esquece. Você tem tido tempo de andar de bicicleta? Então que tal começar a organizar seu tempo para sentir novamente o vento no rosto?

MAS, AFINAL, O QUE É ORGANIZAÇÃO DO TEMPO?

Definir caos, ordem, organização e tempo não é tarefa fácil. Poetas, filósofos, cientistas, escritores e até mesmo crianças já tentaram chegar a uma conclusão sobre esses temas. Nosso trabalho – o meu e o seu –, será trazer esses conceitos tão abrangentes e profundos para a aplicação efetiva em nossa vida.

Vamos então por partes. Caos, palavra tão citada hoje em dia, vem da mitologia grega, o deus inicial. O poeta romano Ovídio atribuiu ao mito do caos a noção de desordem e confusão. Na Gênesis bíblica, antes da criação do céu e da terra havia um aglomerado de água e poeira (confusão), então o Espírito de Deus começou a ordenar as coisas, separou o dia da noite, a luz das trevas, e criou o tempo. A criação do tempo foi uma maneira de ordenar o caos. Hoje, a má utilização do nosso tempo provoca o caos em nossa vida. O tempo segue uma ordem, ele é dividido regular e constantemente em segundos, minutos e horas. E isso desde a criação.

Ordem e ordenar, no nosso caso, tem o sentido de comandar, exercer autoridade. Organizar significa pôr em ordem, arrumar. Organização terá para nós o sentido de administrar recursos; o tempo é um recurso a ser administrado para a realização de qualquer atividade. Do grego *organon* (organização), instrumento. Organização do tempo será para nós um instrumento para estruturarmos um conjunto de práticas para alcançarmos nossas metas. Aqui, vou ajudar o leitor a organizar seu tempo para utilizá-lo da melhor maneira possível na consecução de seus sonhos e de suas metas.

A GRANDEZA DO TEMPO

O tempo é um conceito grandioso demais e filosofar ou poetizar acerca dele não será matéria deste livro (pois demoraria tempo demais). Para a ciência, o tempo é uma grandeza para a qual não cabe definição. Mas, para nós, bastará entender que o tempo é tanto uma medida cronológica, ou seja, uma maneira de dividir segundos, minutos, horas e dias, quanto um conceito subjetivo, ou seja, tempo pode ser: dinheiro, realizações, família, descanso, projetos, recurso etc.

Para um bom andamento do nosso estudo sobre o tempo devemos manter uma constante vigilância sobre como usamos certas palavras. Toda vez que pensarmos ou dissermos palavras tais como "parar", vamos substituí-la. Por exemplo, se dissermos "preciso parar para ler este livro", "preciso parar para organizar meu tempo", vamos substituir por "investir". Usaremos a palavra "parar" quando precisarmos interromper um hábito, como, por exemplo, parar de perder tempo com coisas que não dão resultado ou não trazem nenhum benefício, como parar de fumar. Na maioria das vezes associamos a palavra "parar" a algo que não queremos mais fazer, ou que de certa maneira relacionamos com perder tempo. Por isso, vamos investir tempo. Investir está relacionado à busca por um resultado. Investir em educação, na poupança, nos relacionamentos importantes; investir tempo para organizar o tempo. Pensando assim, invista um pouco do seu tempo para definir o que é o tempo para você.

É muito comum as pessoas dizerem que tempo é dinheiro. Sem dúvida que também é. Mas esse conceito é limitado demais. Precisamos melhorar nossa definição de tempo. Tempo não é apenas dinheiro. Há momentos em que nem todo o dinheiro do mundo, nem todo o patrimônio acumulado de uma vida, é capaz de fazer o tempo voltar atrás. Tempo é dinheiro, mas nem todo o dinheiro do mundo pode comprar o tempo perdido. Você poderá sempre ter um novo jeito de vivê-lo, contanto que entenda que nem todo o vazio o dinheiro pode preencher. A ideia é ampliar nosso pensamento e nosso sentimento com relação a essa grandeza. Se queremos coisas grandes temos de pensar grandemente. O tempo é nosso e uma das maneiras de darmos ordens a ele é criando uma relação emocional com ele. Como? Definindo o que é o tempo para cada um de nós!

Escreva ou pense em uma frase que possa definir o tempo. Essa será a sua definição de tempo neste momento. Se puder, escreva também a data em que foi escrita. Dessa maneira poderemos ter um registro do significado que você dá ao tempo ao longo das fases da vida. Veja estes exemplos:

- Tempo é dinheiro. Preciso organizar meu tempo para ganhar mais dinheiro.
- Tempo é saúde. Se tiver mais tempo, consigo cuidar melhor da minha saúde, afinal, sem saúde não se consegue ganhar dinheiro.
- Tempo é uma coisa que não sei definir, mas, se o tivesse, usaria para amar mais. Tempo é amor. Tempo é dedicação. Se tivesse tempo, eu o dedicaria ao amor.

- Tempo é qualidade de vida. Tempo é equilíbrio. Tempo é poder fazer coisas que são prazerosas. Tempo é realização. Tempo é um recurso a ser analisado para realizar meus projetos. Tempo é um luxo.
- Tempo é um momento da existência e deve ser bem aproveitado com coisas importantes.
- Tempo é uma dádiva de Deus. É mais do que uma medida, é uma oportunidade de servirmos, amarmos e aprendermos o que é a vida.

Essas frases foram compiladas de treinamentos e dinâmicas sobre o tempo. Quando você definir a sua frase, coloque-a em algum lugar que possa ler ao menos uma vez por semana. Isso ajudará você a entender a sua relação com o tempo de maneira mais clara e definida.

9
Encontre sua motivação para organizar o tempo

Definir o que é o tempo é importante para estabelecer uma relação mais positiva com ele. Defini-lo, portanto, será a primeira reflexão sobre o que ele significa de verdade. A ideia do tempo começa agora a ficar um pouco mais clara. Passamos a conceituá-lo de acordo com a relevância que nós mesmos damos a ele. Tempo pode ser qualquer coisa. Nós temos a responsabilidade de dar a ele o significado que consideremos importante, e não apenas aceitar o que a maioria das pessoas pensa sobre ele. Ser senhor do próprio tempo é um direito que nos foi dado pelo próprio Criador.

Quando passarmos a compreender o tempo como um sinônimo para as coisas boas da vida, o conceito, a ideia de organizá-lo, começará a ter mais sentido. Porém, se faz necessário um próximo passo. Encontrar a motivação para tomar o controle do próprio tempo. Motivação para organizar o tempo. Qual é a sua motivação? O que o motiva para melhorar sua organização do tempo?

Não cabe aqui nos aprofundarmos nas explicações sobre o que é motivação. Bastará entendermos apenas algumas considerações. Motivação vem do latim *moveres*, mover. Para a psicologia e para outras ciências humanas, de maneira aqui bem simplificada, motivação é a condição que influencia a direção, ou seja, a orientação para um objetivo. Em todas as nossas ações há uma motivação nos bastidores. Nossos comportamentos são originados pelas nossas ações. Nossos comportamentos produzem nossos hábitos. De modo geral, precisamos entender o que nos motiva a não termos tempo para podermos reajustar o ponteiro da nossa vida.

"O que me motiva a não ter tempo? Todo mundo quer ter tempo! Você está me dizendo que eu estou motivado a não ter tempo?" Tudo bem, vamos trabalhar um pouco a ideia de motivação. Se pensarmos na origem latina da palavra motivar (mover), trata-se de sair de um estado para outro. Se você tem sede, se move em direção a saciar a sua sede. Uma necessidade gerou em você uma motivação para fazer uma ação direcionada a um objetivo. E o que isso tem a ver com tempo? Tudo. Porque são nossos comportamentos e nossas motivações que nos fazem perder tempo. Esse conceito é um dos mais difíceis de serem compreendidos.

Nos treinamentos sobre gestão (gerenciamento) de tempo, a principal questão que tento tornar clara para os participantes é que, para organizarmos nosso tempo, não temos apenas de aprender novas técnicas ou metodologias sobre gerenciamento. Temos de fazer um trabalho interior. Temos de nos motivar a querer mudar nossos hábitos há muito enraizados.

A diferença entre aqueles que administram bem o seu tempo e aqueles que não conseguem se organizar está na motivação que encontram dentro de si mesmos para mudar seus hábitos. O intuito é, aos poucos, trabalhar os principais e efetivos passos para que você encontre o sentido e a motivação para organizar seu tempo para viver melhor, para realizar seus sonhos e seus desejos. E isso deve nascer dentro de cada um. Nosso trabalho será conduzir o pensamento, fazê-lo refletir, apresentar sugestões para despertar a motivação interior que será a força que fará você se mover em direção a uma organização mais eficaz do seu tempo. Sem motivação não há realização; para toda ação houve primeiramente uma motivação.

QUAL É A SUA MOTIVAÇÃO?

Pense nas pessoas mais importantes de sua vida. Pense também em si mesmo, escolha uma pessoa que você ama de paixão, ou algo pelo qual estaria disposto a fazer qualquer coisa. Diga a si mesmo: por essa pessoa, por esse sonho, vale a pena organizar meu tempo. E farei isso a partir de hoje!

Escreva em um papel: Minha motivação para organizar meu tempo é _____.

(Exemplos: Minha motivação para organizar meu tempo é viver meus relacionamentos importantes. Minha motivação para organizar meu tempo é ficar com quem eu amo. Minha motivação para poupar dinheiro é não ter preocupações no futuro. Minha motivação para organizar meu tempo é poder viver intensamente.

10
Você escolhe: mais ou menos tempo

Por mais que tente você não vai conseguir fazer com que o dia tenha 36 horas; nem precisaremos disso se administrarmos o que nos foi dado. Nós temos de escolher o que fazer nessas 24 horas. Para que coisas você quer ter mais tempo? E para que coisas você gostaria de diminuir o tempo dedicado? Pense no seu tempo como um gráfico de pizza. Cada fatia é o tempo que você utiliza para alguma área específica da sua vida. Vamos supor que essa pizza seja dividida em 24 pedaços. Cada pedaço representa uma hora. Supondo que você durma em média oito horas, oito pedaços seriam consumidos pelo sono. Sobram então 16 pedaços. Como você os distribui ao longo do seu dia e da sua semana? Provavelmente de oito a dez pedaços serão consumidos pelo trabalho. Em alguns casos o trabalho pode levar 12 pedaços. O que sobra? Muito pouco, não é verdade? Isso é um sinal de que precisamos redistribuir as fatias.

Agora, reflita um pouco sobre os ladrões de tempo. Quantas fatias eles consomem por dia? Será que não são eles que estão fazendo com que você passe mais quatro horas no trabalho? Quantos pedaços da pizza foram consumidos pelas urgências que poderiam ter sido evitadas? Quantos pedaços tivemos de doar para atividades circunstanciais? Quantos pedaços dedicamos aos nossos relacionamentos importantes? À nossa saúde? Aos cuidados com o físico?

Faça uma lista de todas as áreas da sua vida. Você pode nomear essas áreas, ou utilizar o conceito que usamos na metodologia da Triad, papéis. No palco da vida todos nós representamos papéis, usamos máscaras, uniformes, capacetes e equipamentos de segurança no trabalho. Imagine que você vai trabalhar e tem de vestir um uniforme. Quando você sai do trabalho está vestido de você mesmo, depois chega em casa e coloca seu quimono de lutador. Os papéis são semelhantes.

Temos vários papéis que desempenhamos em determinados momentos da vida. Alguns exemplos: profissional, pai, mãe, filho, estudante, voluntário, gerente, líder, cantor, atriz, professor, empresário, pastor, fiel, amigo etc. Seus papéis estão relacionados a atividades que você já pratica no âmbito pessoal, profissional, espiritual, entre outros, ou atividades e funções que quer desempenhar. Digamos que você tem o papel de pai, marido e vendedor e quer ser um cantor. Então você definiu seus papéis atuais e futuros. Analisando dessa maneira, temos uma visão um pouco melhor de como dividimos a pizza por papéis ou por esferas da vida. Um bom exercício é definir seus papéis e desenhar um gráfico para que você possa visualizar como está dedicando seu tempo para cada um deles. Com a visão de como está seu tempo atualmente, você deve criar seu gráfico ideal de papéis. Como seria a melhor divisão do seu tempo?

Um grande advogado de uma multinacional criou seu gráfico de papéis. Quando percebeu quanto de tempo estava dedicando ao trabalho teve um choque e passou a compreender melhor porque estava tão depressivo. O papel de profissional dele atingiu 80% do tempo; o papel de pai, 10%; o papel de marido, 5%; o papel de professor, 5%. Ele entendeu que não estava sobrando tempo para se dedicar ao seu corpo e aos seus outros papéis. Como ficava tanto tempo no trabalho, quando saía com a família, por sentir-se culpado, só fazia o que eles gostavam de fazer e isso começou a deprimi-lo. Estava faltando tempo para ele mesmo. Ele me perguntou como poderia mudar isso. A resposta: primeiro, criando o gráfico de papéis desejado. Ele então desenhou sua pizza da seguinte maneira: trabalho, 40%; família, 20%; marido, 20%; professor, 10%; eu mesmo, 10%. Perguntei qual era, em uma escala de 0 a 10, o seu nível de desejo e a sua necessidade em mudar. Ele respondeu que era 100. Então lhe respondi que tinha a certeza de que ele conseguiria mudar. Questionei se ele poderia sair de 80% de trabalho para a metade, se isso traria algum problema ou perda. Ele me respondeu que não, que no caso dele poderia trabalhar apenas

40%, pois era sua obsessão pelo trabalho que estava desequilibrada. "Você consegue se ver fazendo outras coisas?", perguntei. "Sim, agora que fiz o gráfico, já consigo me ver correndo no parque, cuidando das minhas motos e jantando mais com minha esposa", foi a resposta.

O tempo é limitado. Precisamos entender isso. Muitas vezes queremos fazer tudo em um único dia e nos esquecemos de que ganharemos muito mais se fizermos ao longo da semana. Gerenciar nosso tempo é gerenciar nossos desejos e nossas prioridades, é administrar nossos papéis e nossas esferas da vida. Aquele que se mantém calmo e perseverante realiza ao longo do tempo muito mais do que o que tenta fazer tudo ao mesmo tempo em um tempo muito curto.

Faça agora seus dois gráficos de pizza. Um com a sua dedicação atual e o outro com a sua dedicação ideal. Se você não fizer uma análise consciente de como está seu tempo hoje, compreendendo os motivos de ele estar dessa maneira, e se não fizer uma projeção de como será o mais equilibrado, não conseguirá mudar seus padrões.

Planeje atividades para esses papéis. O que você vai fazer hoje no papel de pai? E estudante? Marido? Esposa? Voluntário? Fiel? Coloque na sua agenda, e pouco a pouco essas pequenas tarefas e atividades vão contribuir para que seu gráfico atual chegue ao gráfico desejado, que vai lhe dar mais satisfação e a sensação de equilíbrio e bom aproveitamento do tempo.

Exercício

Eu quero mais tempo para fazer _____.
Eu quero dedicar menos tempo para _____.
Eu tenho de diminuir o tempo que perco com as seguintes coisas circunstanciais: _____.
Meu principal ladrão de tempo é _____. Se eliminá-lo consigo ganhar quanto tempo? _____. O tempo que ganhei vou usar no papel de _____, fazendo a atividade: _____.
Analisando minha "pizza" notei agora que sobram duas horas, já que diminuí certos papéis. Agora vou redistribuí-las para as áreas: _____.

11
Corra atrás do tempo perdido

O tempo não volta. Cada segundo perdido está perdido. É uma dura realidade, uma verdade que precisa ser encarada com coragem, ensinada e aprendida antes que seja tarde demais. Todos nós temos uma quantidade de segundos na vida sobre a qual apenas Deus tem conhecimento. Um segundo pode fazer toda a diferença. Para um atleta, um milésimo de segundo é a diferença entre a glória ou o fracasso.

O GRANDE CHEFE

Tenho a mais absoluta certeza de que Deus é o maior planejador, o mais sábio gestor e o melhor e mais generoso chefe. Quando ele nos dá certa quantidade de horas, dias, anos ou décadas, já planejou o período de tempo que precisaríamos para aprender o que é importante. Ele trabalha com uma margem generosa porque sabe que muitas vezes precisaremos rever a mesma lição muitas vezes. Por isso, se Deus calcula que nós vamos precisar de mil horas para aprendermos a organizar o tempo ao longo da nossa vida, ele acrescenta mais mil horas como misericórdia, como uma margem de segurança. Ele, melhor do que ninguém, consegue prever nossas escolhas e fazer um planejamento de amor, concedendo a nós a oportunidade de passarmos várias vezes pelas mesmas provas, até que consigamos vencer nossos obstáculos e passar nos testes. Apesar de seu amor incondicional, ele permite que as pessoas desperdicem seu tempo e joguem fora suas chances, percam as oportunidades oferecidas tantas e tantas vezes. E tudo porque ele nos dá o livre-arbítrio e respeita nossa vontade. Ele espera pacientemente que um dia possamos reconhecer que ele está nos esperando e quer que aprendamos a organizar nosso tempo, e que o tempo dado em nossa vida é mais do que o suficiente para realizarmos as coisas importantes e encontrarmos nossa missão de vida.

Algumas pessoas só vão aprender tudo isso no último segundo. Porém, se escolhermos fazer um bom uso do nosso tempo desde esse exato segundo, teremos um grande resultado: o tempo perdido será minimizado e o tempo bem aproveitado será maximizado. Imagine como seria bom se terminássemos um curso de duas mil horas em apenas mil, com qualidade e com todo o conteúdo absorvido. Certamente saberíamos empregar as mil horas restantes em outras coisas importantes.

Às vezes consigo perceber detalhes que poderiam passar despercebidos aos olhos menos treinados, mas falar de gestão de tempo, durante anos, me levou a conhecer muitas pessoas diferentes de regiões diferentes do país, pessoas de idades, condições, cargos e raças diferentes, mas que, apesar de tudo isso, são iguais em um aspecto: todos se comportam da mesma maneira quando percebem o tempo que desperdiçaram.

A poesia, com toda tristeza e alegria, dor e esperança, está no exato momento em que a pessoa se dá conta do que fez em sua vida, de todo o tempo perdido que nunca mais irá voltar. Sei bem como é essa sensação não apenas porque percebo isso nas pessoas, mas porque, como todo ser humano, também vivi isso. E é por causa disso que reconheço quando, em questão de alguns segundos, a pessoa está refletindo sobre o tempo perdido.

Dizem que a velocidade do pensamento é mais rápida do que a luz, que o tempo é relativo, que um instante pode durar uma eternidade, e que a eternidade às vezes dura um instante. E é nessa velocidade que a pessoa consegue ver dentro de sua mente o filme de toda a sua vida, selecionando todos os momentos em que perdeu tempo. Quando tais pessoas se dão conta do que ainda podem fazer com a sua vida, um brilho renasce, um raio de esperança se inflama, e um suspiro de fé toma lugar.

Em muitos treinamentos, é como se eu pudesse ouvir os pensamentos dos alunos:

Não vou mais perder tempo, já aprendi com meus erros, não adianta mais me lastimar pelo que passou, o tempo perdido não volta, e não adianta perder mais tempo pensando no tempo perdido. Vou me demorar pensando apenas o suficiente no tempo perdido, para tomar a firme resolução de não repetir os mesmos erros e, assim, viverei cada instante consciente do meu potencial de realizar meus sonhos e minha verdadeira missão de vida.

Por essa razão, seja grato pelo tempo que lhe foi dado, por todo o tempo dado por Deus para que possamos aprender e passar pelos nossos testes. Não podemos deixar para amanhã o aprendizado sobre o uso correto e organizado do nosso tempo, não podemos desperdiçar nem desprezar a confiança que nos foi dada por Deus. Se ele confia em nós e acredita que podemos aproveitar nosso tempo para nossa autorrealização, quem somos nós para dizer que não podemos?

12
Assuma a direção da sua vida

Uma das maiores, mais alegres e doloridas verdades da vida é que nós somos o resultado das nossas escolhas. Escolher é inerente ao ser humano. Fazemos escolhas a cada segundo: escolhemos nossos pensamentos, nossos sentimentos, e, por mais que alguém tente negar essa verdade, isso não será possível. Tente, faça um teste, reflita sobre essa questão. Até o não escolher é uma escolha. Escolher aceitar o que os outros nos sugerem é uma escolha. Temos o poder de escolher insultar alguém que nos fechou no trânsito ou deixar passar. Nossas emoções e nossos pensamentos formam o modo como reagimos ao que nos acontece, sendo um conjunto de escolhas que vamos aprendendo a selecionar durante nosso aprendizado na vida.

Comecei dizendo que uma das verdades mais alegres da vida é que nós somos o resultado das nossas escolhas. Quando fazemos as escolhas certas vivenciamos a alegria. Quando escolhemos um bom trabalho, uma boa faculdade, ou quando fazemos escolhas que nos tornaram o sucesso que somos hoje, então ficamos alegres, felizes, realizados, e dizemos com convicção que somos o que somos porque nos empenhamos, porque merecemos, porque fizemos as escolhas certas.

Agora, quando fazemos as escolhas erradas, vivenciamos a dor cedo ou tarde. Se escolhemos não economizar e investir dinheiro quando jovens, ao final da vida sentimos a dor de não termos as condições econômicas satisfatórias. Então reclamamos da vida. É interessante notar a diferença que existe quando passamos por essas duas situações. Ao fazermos as escolhas certas e colhermos os frutos dessas escolhas atribuímos a nós mesmos o mérito por tais resultados. Veja como funciona nossa personalidade: se a pessoa hoje diz ter dinheiro foi porque escolheu há muito tempo investi-lo, e se vangloria de ter feito as escolhas certas. Agora, quando alguém faz as escolhas erradas, ou opta por não escolher, colhe-se frutos ruins ou às vezes não se colhe resultado algum, e esse alguém culpa tudo e todos menos si mesmo, menos suas escolhas. É incrível como as pessoas têm dificuldade em reconhecer que tudo é resultado das próprias escolhas. Elas reclamam da vida, mas nunca reclamam da escolha errada que fizeram. A melhoria só começa nos casos em que a pessoa se conscientiza de que ela é o que é e está onde está por causa de suas escolhas, e que, apesar das outras pessoas a terem influenciado, manipulado ou orientado mal, ainda assim a decisão de seguir em frente e escolher foi dela. O próximo passo é aprender com o erro e mudar a postura diante da vida. Somos nossas escolhas e nossas escolhas constituem o que somos. Aprendemos a escolher escolhendo, melhoramos o acerto de nossas escolhas aprendendo com os erros e comparando os resultados. Escolher é necessário, do contrário optamos por não escolher, e alguém escolherá por nós. Depois não adianta reclamar, isso não muda o passado. Você deve assumir a direção da sua vida. Você é o diretor da peça, o escritor, o ator principal.

Depois de um curso sobre gestão de tempo em uma indústria, comecei um processo de consultoria e implantação das técnicas para os diretores da empresa. Os principais diretores eram da mesma família: o pai, fundador da firma, e os dois irmãos, os diretores. O diretor mais novo, no momento em que comecei a ajudá-lo com seu planejamento e equilíbrio pessoal, me contou que tinha uma coisa que gostava de fazer, que para ele era muito importante e que há muito não vinha fazendo apesar de ter tempo disponível: lutar MMA (Mixed Martial Arts). Perguntei por que ele não lutava, e a resposta foi no mínimo engraçada para um executivo de 39 anos: "Meu pai não deixa!" Você vai permitir viver uma vida circunstancial? Se isso é realmente importante para você e lhe trará satisfação, crie uma estratégia, negocie, mas seja firme sobre o que escolher.

A vida é sua e assumir a direção dela é sua responsabilidade. Se não o fizer hoje, amanhã vai se sentir bem pior e culpará a si mesmo e aos outros. Depois de três semanas, voltei a conversar com aquele diretor e ele então me contou que tinha voltado a lutar; conversou com o pai, explicou seus motivos, negociou, convenceu-o de que a vida era dele e de que ele era responsável por seus atos. Por ter voltado a treinar, já tinha emagrecido, controlado a sua pressão, e vinha para o trabalho muito mais energizado, porque estava fazendo algo importante em sua vida e de que gostava muito.

ASSUMA A DIREÇÃO DA SUA VIDA

Dirigir é uma das funções do bom administrador, já discutimos isso. Assumir a direção da sua vida é direcionar suas ações no caminho da esfera da importância. Seja o comandante da sua embarcação. Quando não assumimos a direção estamos permitindo que os outros, ou que as circunstâncias, o façam. O resultado disso é uma vida desperdiçada, um tempo perdido, uma frustração sem tamanho e uma personalidade ranzinza e medíocre que culpa tudo e todos. Correr atrás do tempo perdido começa assumindo a direção da vida.

O verdadeiro amor está no respeito à importância do outro. Certifique-se de que, apesar das circunstâncias, você está sendo o diretor da sua vida. O filósofo Ortega y Gasset afimou: "O homem é o homem e a sua circunstância."[5] Porém, se um indivíduo não assume a sua importância (se ele não compreende o que é a esfera da importância), ele será sempre vítima das circunstâncias. Por isso, o homem é o homem e as suas *importâncias*. O homem é o homem e as suas *urgências* quando ele deixa de lado e procrastina as coisas importantes. O tempo é seu!

Assumir a direção da vida é colocar-se no controle, traçar o rumo, pegar o volante do carro. Imagine que você está perdido e outra pessoa está no volante; de repente essa pessoa se desespera e simplesmente não consegue mais dirigir. Você então troca de lugar com ela, porque é melhor seguir em frente do que ficar parado em um lugar perigoso. Um pouco mais à frente você poderá encontrar ajuda, mas se ninguém assumir o controle do carro será pior. Agora cabe a você conduzir essa pessoa. E a pessoa que está paralisada por algum motivo é você mesmo quando se sente perdido e não sabe o que fazer com sua vida. Se deixar outros assumirem o volante, será um risco. Só você e Deus podem decidir o que é melhor. A direção está em suas mãos e o carro é a sua vida. Na bagagem, todo o seu conhecimento e aprendizado. Gerenciar o tempo está diretamente ligado à direção. Uma embarcação só zarpa do porto quando o comandante já traçou a direção. Aliás, sem saber os rumos e a direção exata a ser seguida não há navegação precisa. Os mais antigos navegadores da Terra se orientavam pelas estrelas, que lhes mostravam a direção e o rumo a ser seguido. Invista um pouco do seu tempo para encontrar o rumo certo e o sentido correto que vai seguir daqui para frente.

Diga a si mesmo: "A partir de hoje eu sou o comandante da minha vida. Assumi a direção e vou reorganizar tudo. Aproveitar o que é bom, eliminar o que não serve. Agora eu comando e coordeno a mim e a minhas atividades. Vou planejar e controlar." Esse é o primeiro passo da direção. O segundo passo é traçar os novos rumos. "Sabendo o que eu quero da minha vida, dos meus sonhos, vou estabelecer meus próximos passos e projetos. Vou enfim seguir aquele curso que sempre quis. Vou fazer aquela viagem. Hoje percebo que minha família pode me apoiar e é o direito deles não apoiar também, respeito a opinião deles, mas eles devem respeitar minha liberdade de escolha. Amar é respeitar a importância do outro."

Nas palavras de Antoine de Saint Exupéry, "amar não é olhar um para o outro, é olhar juntos na mesma direção"[6]. É o que sempre falo para aquelas pessoas que me perguntam sobre como assumir a direção fazendo parte de algo maior, como um casamento ou uma família. Quando as empresas e os funcionários estão na mesma direção, há sucesso; quando um casal, por mais que um seja diferente do outro, tem uma direção em comum há sucesso. Recomendo sempre que pessoas e famílias tracem juntas a sua direção, muitas vezes se reencontrando no amor ao descobrirem que têm os mesmos sonhos. E quando percebem que há direções diferentes ainda assim se pode respeitar e apoiar. Trace seu rumo, mas tenha a sabedoria de ouvir bons conselhos e a experiência de quem já seguiu os mesmos caminhos. Ajude os mais novos a traçarem seus rumos, sem interferir ou influenciar, deixe que eles experimentem e reconheçam a direção que precisam seguir. E, como diz aquela música, "ainda há tempo de mudar o rumo em que você está" ("Stairway to Heaven", Led Zeppelin). Escolha bem, e a cada passo reveja se o caminho é realmente aquele que você quer seguir.

Pergunte a si mesmo: Que cursos quero fazer? Que profissão quero ter? Quero mudar de ramo profissional? O que quero estudar? O que quero ser de fato? Com que tipo de pessoas quero me relacionar? Quero continuar casado? Quero continuar solteiro ou ter uma família? O que me deixa feliz? Qual o caminho que sinto alegria em percorrer? Qual a viagem dos meus sonhos? O que quero dar para minha esposa e para meus filhos? Quero mudar de cidade? Quero continuar sem tempo na vida? Que rumo devo seguir? Na dúvida, peça ajuda a Deus e ouça a inspiração para responder seus questionamentos, alinhando-os com seus sentimentos e com as pessoas importantes da sua vida.

13
Encontre o sentido da sua vida

É natural termos dúvidas quando começamos a traçar nossos rumos, porém nossas certezas vêm com o tempo que investimos até encontrar o sentido para nossa vida. No capítulo anterior, falamos que, para evitar mais tempo desperdiçado e diminuir as circunstâncias que nos deixam à deriva, temos de assumir o controle, assumir a direção da nossa vida. Qual é a diferença entre sentido e direção? Muitas vezes ouvimos as pessoas nos dizerem para seguir por um sentido que vamos achar a rua que procuramos. Sentido também pode indicar uma direção a ser seguida. A palavra sentido também está associada a intento, intenção. E ainda à percepção, já que os cinco sentidos nos dão informações. Também ficamos "sentidos" quando percebemos algo ruim, "estou sentido com você"; ficamos perdidos quando não entendemos algo, "qual o sentido de você ter feito isso? Isso que você fez não faz o menor sentido para mim!". Apesar dos conceitos provocarem um pouco de confusão, há diferenças entre eles. O sentido é o intento, a direção é a orientação, o rumo, as rotas possíveis e prováveis. Imagine que uma pessoa escolhe direcionar sua carreira para o ramo da medicina. Ela sabe a direção a tomar (medicina), agora ela vai escolher os melhores rumos, ou seja, escolher a área da medicina, os cursos, ou ainda a faculdade que vai fazer. Temos então a direção e o rumo, que pode e é flexível, alterando-se de acordo com alguns fatores. Vamos pensar que esse estudante queria fazer uma faculdade no Brasil e mudou o rumo porque ganhou uma bolsa para estudar medicina nos Estados Unidos. Ele optou pelo que achou melhor. Ele não mudou a direção, só retraçou o rumo. Assim, o sentido é a intenção, o significado. O sentido vem de sentir. A pessoa sentiu que fazer medicina era o seu chamado, era o que ia fazer sentido na sua vida.

É muito comum encontrarmos pessoas que perderam o sentido. Isso já aconteceu em nossa vida. Lembra-se daquele curso que estava fazendo e que de repente viu que não fazia sentido e desistiu? Lembra-se daquele sonho do qual você desistiu quando percebeu que já não fazia mais sentido? E aquele trabalho sem sentido que você largou? Quando investimos tempo para pensar no sentido das coisas, não perdemos tanto tempo começando e nunca terminando. Conheço pessoas que compram coisas sem sentido, e depois procuram um sentido para aquilo, e quando não o encontram acabam percebendo que perderam tempo e dinheiro. Quando não procuramos o sentido da nossa vida, nos sentimos perdidos, não conseguimos achar o significado daquilo que fazemos, e por essa razão, nos desmotivamos e começamos a mudar de rumo sem nos fixarmos em nada. O que aconteceria com uma embarcação que no meio do oceano perde o sentido da navegação? Muitas pessoas vivem uma vida sem sentido e, por causa, disso acabam pulando de árvore em árvore, ou experimentando várias coisas que não fazem sentido algum, e, quando se dão conta, nada construíram de concreto.

Então, não deveríamos pensar no sentido antes de definir a direção? O capítulo anterior não deveria vir após este? Não. Porque agora é a hora de rever sobre o que você refletiu no capítulo anterior e ver se a direção que está querendo seguir faz sentido para você. O que você sente quando reflete sobre o que descreveu? Sente que é algo com grande significado para você? Veja se os rumos traçados têm sentido, se têm relação com a direção e com o intento por trás de tudo. Reveja as perguntas feitas no exercício do capítulo 12. Escreva ao lado de cada uma delas o sentido de cada coisa, descreva claramente por que isso ou aquilo faz sentido para você. (Exemplo: Que curso quero fazer? Resposta: Culinária. Qual o sentido [significado]? Resposta: Vou me sentir bem fazendo o que gosto e significará um aumento para a minha satisfação pessoal cozinhar para minha família.)

Depois de algumas semanas releia tudo o que escreveu, veja se algo se alterou ou se esqueceu de algum detalhe. Quando achar que tudo está fazendo sentido, hora de seguir em frente. Mãos à obra!

14

Escreva sua missão pessoal

Qual é a missão da empresa em que você trabalha? Você saberia dizer sem colar? Hoje em dia a grande maioria das empresas tem uma declaração de missão. E você, tem clara a sua missão pessoal? Ela está escrita em algum lugar em que você possa vê-la constantemente? Mas, afinal, o que é uma missão pessoal?

Uma maneira de aproximar nosso entendimento acerca do conceito de missão pessoal é entendê-lo como algo similar ao conceito de missão empresarial. A missão da empresa indica o propósito da empresa, como ela define seu papel. É mais do que a definição do que ela produz, do seu nome e das suas regras. Nas palavras de Peter Drucker: "É a razão de existir da organização, e torna possíveis, claros e realistas os objetivos da empresa."[7] Além de orientar, a missão estabelece uma espécie de constituição. Pense no sentido de uma constituição de um país em que todas as leis devem respeitar e estar alinhadas à constituição. Ela funciona como a pedra angular. A missão pessoal terá as mesmas funções, só que aplicadas a sua vida pessoal.

A missão é a materialização de tudo o que você está definindo até agora. A direção, os rumos, o sentido. Ela é maior, ela procura definir sua identidade, quem você é, como quer ser e como quer ser lembrado.

Esse assunto é bem amplo. Nossa missão começa no dia em que paramos e investimos tempo para pensar sobre ela. A missão se modifica ao longo da vida e só termina no último de nossos dias. Pensar na missão é pensar em um conjunto de desejos e vontades que temos sobre vários aspectos da vida. É a convergência, o ponto em comum entre os planos da vida: saúde, sucesso, profissão, família, você mesmo, dinheiro, realização (e eu sempre procuro colocar um plano que chamo de plano de Deus para minha vida). Apesar de só acabar no último de nossos dias, ela tem a função de deixar um legado e de impactar muitas outras pessoas.

Na época em que servi ao Exército, o general Fernando Azevedo Chaves sempre encerrava seus discursos dizendo: "A missão é o farol." No meio militar o conceito de missão é bem difundido, porque toda operação tem uma missão a ser cumprida. Nossa missão pessoal deve seguir o mesmo princípio. Imagine que recebemos uma missão e que temos de levá-la a cabo com excelência. Lembro-me sempre da famosa Mensagem a Garcia, por rios e montanhas, em ambiente hostil, a missão foi levada à conclusão.* A metáfora da missão ser o farol sempre me inspirou; em minha mente imaginava o desespero de um comandante perdido em alto-mar na escuridão de uma noite de tempestade, tendo de animar seus homens e motivá-los, mas como, se o céu está encoberto pelas nuvens e o mar, revolto? Então, um raio de luz surge iluminando as trevas e alimentando a esperança dos marinheiros, e todos unem esforços desesperados para rumarem à segurança da luz, ao farol na escuridão.

A missão é o propósito de vida. Ela reúne suas crenças, seus valores, sua filosofia de vida, e declara para si mesmo e para os outros quem você é e o que veio cumprir na vida. Ela o direciona, o inspira, o motiva e o ajuda a seguir no rumo. Exatamente como a metáfora do barco na tempestade no meio da noite escura. Ela serve sempre a um propósito, o de entender o porquê da sua vida e das suas ações.

Exercícios

Trata-se de um exercício profundo de autoanálise e visualização. Tente se ver daqui a vinte, trinta ou cinquenta anos. Quantas pessoas

---

* No ambiente corporativo, "Mensagem a Garcia" é uma expressão corrente para designar uma tarefa muito difícil e espinhosa, mas que é absolutamente necessária, e que precisa ser realizada de qualquer maneira, sob risco de grandes perdas para a empresa. É tirada do texto criado pelo jornalista norte-americano Helbert Hubbard no século XIX, mas muito atual até hoje, uma verdadeira aula de como avaliar personalidades profissionais. Para saber mais, acesse: http://www.ritaalonso.com.br/?p=36413. (N.A.)

você impactou positivamente? Aos setenta anos você é realizado? O que seus amigos dizem sobre você? O que seus inimigos mais admiram em você? O que você dizia que queria ser e fazer quando criança (antes das influências e sugestões de amigos e familiares)? Escreva e responda as perguntas deste capítulo várias vezes. Depois compare. Depois de respondê-las, escreva em uma folha de papel os verbos que mais o tocam, aqueles com os quais você sente mais afinidade (exemplos de verbos: lutar, defender, ajudar, ensinar, aprender etc.).

Tente resumir em uma frase (utilizando os verbos anteriores) o que acredita ser a sua missão. Por exemplo: "Lutar para ensinar as pessoas a serem felizes.", ou "Ser feliz e aprender sempre." Essa frase será a síntese de sua missão. Depois explique o que entende por isso. Descreva o que vem a ser a sua missão. Reveja e altere sempre que se lembrar de algum detalhe, mas deixe sempre o histórico desde a sua primeira declaração até a última.

Há muitos exemplos de missão pessoal, pesquise as missões de pessoas importantes e de organizações que considera um exemplo digno a ser seguido, mas procure desenvolver a sua. Uma das coisas que mais me choca quando faço os treinamentos de gestão de tempo é descobrir que quase 100% dos participantes não têm uma declaração de missão pessoal. Os raros que tinham eram aqueles que trabalhavam com algum *coach*. É impressionante como algo tão importante é deixado de lado. Conheci presidentes de empresas, diretores, pessoas com mais de noventa anos que ainda trabalham e que nunca escreveram sua missão, ou que nunca de fato compreenderam o que era isso.

Procuro sempre fazer um exercício que chamo de interseção da missão. Mas, para que isso seja feito, você deve primeiro escrever sua missão. E depois a missão da empresa em que você trabalha ou quer trabalhar.

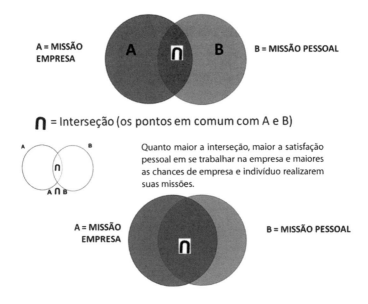

Tudo bem, teremos de falar um pouco de matemática. Quando os elementos de dois conjuntos relacionados são comuns, eles são chamados de conjunto interseção. A interseção dos conjuntos A e B é o conjunto constituído de todos os elementos que pertencem simultaneamente a A e a B. Na esfera A você escreve a sua missão pessoal. Na esfera B você escreve a missão da empresa ou da organização de que quer fazer parte (seja uma organização filosófica, espiritual, filantrópica etc.). Os pontos em comum das duas esferas será a sua interseção. Na figura, o círculo entre as duas esferas é a interseção. O símbolo para interseção é ∩. Resumindo, se na sua missão pessoal as palavras "ajudar", "ensinar" e "servir" estão escritas e na missão da empresa estiverem as mesmas palavras, então o conjunto interseção será composto das palavras "ajudar", "servir" e "ensinar". Quanto mais pontos comuns, maior a garantia de sucesso da empresa e sua também. Ou seja, se você pertence a uma empresa ou a um grupo cuja missão empresarial tenha a ver com a sua missão pessoal as chances de sucesso e realização pessoais são enormes. Isso ajudará a empresa a crescer e contribuirá para o cumprimento de ambas as missões, a sua e a da empresa.

Não se ajustar à missão da empresa é a razão de mais de 80% das pessoas não gostarem das suas empresas, de acordo com algumas pesquisas. Esse é o motivo pelo qual as pesquisas de Napoleon Hill[8] apontam que mais de 95% das pessoas se sentem fracassadas por não terem um propósito e por não estarem em um trabalho por amor, ou seja, em algo que sintam que tem a ver com seu verdadeiro propósito de vida.

Ao final de um *workshop* realizado para estagiários e *trainees*, um dos participantes veio me agradecer pela dinâmica da interseção das esferas da missão. Ele me disse que a partir da visualização da sua missão pôde compreender o quanto é importante ter claramente definido o seu propósito. "Assim você não corre o risco de ficar a vida inteira em uma empresa que não tem nada a ver com a sua missão", me disse ele. Alguns anos depois encontrei uma diretora de RH de uma multinacional francesa que me contou uma história. Durante uma entrevista para uma vaga na empresa, um jovem perguntou a ela qual era a missão da empresa. Surpreendida, perguntou a ele o por quê daquela pergunta. "Porque se a missão da empresa não tiver nenhuma relação ou ponto em comum com a minha missão pessoal eu não vou me sentir bem trabalhando aqui e nós dois perderemos tempo." Ela achou impressionante o ponto de vista do rapaz e, depois de analisadas as duas missões, o contratou na mesma hora. Para finalizar, ela me disse que até aquela entrevista nunca havia escrito sua missão pessoal, e ver o exemplo do jovem que tinha a sua missão escrita em sua agenda a motivou a fazer a dela.

Esse é um dos resultados práticos de uma missão. De uma maneira ou de outra a missão impacta muito mais do que a vida da própria pessoa, pois influencia e causa impacto verdadeiro em todos os que cruzam o seu caminho. Quem tem uma missão tem nos olhos dois faróis.

15
Ajuste as fases do tempo: entrando em dia com seu relógio

Viver o tempo é uma das coisas mais difíceis que precisamos aprender. Já vimos que tempo pode ser tudo aquilo que escolhermos, tudo aquilo que quisermos que ele seja. Então por que não encarar o tempo como um sinônimo da vida? Enquanto estamos vivos temos a oportunidade de usar bem nosso tempo. Quando passarmos para outra fase da vida e nos encontrarmos com o Criador, ele nos perguntará o que fizemos com o tempo que ele nos deu. Será que estaremos felizes ou frustrados? Será que teremos boas recordações ou frustrações por não termos vivido nosso tempo como deveríamos? Como nos sentiremos diante da presença do Criador? Como usamos o nosso tempo? Quanto do nosso tempo devotamos à nossa missão de vida?

Deus dividiu o tempo e este tem suas fases. Passado, presente e futuro. Tudo é o eterno agora. O passado é aprendizado. O futuro será sempre o resultado do que aprendemos do passado somado ao que escolhemos ser hoje. Temos de ajustar as fases do tempo. Cada qual em seu devido lugar. Só assim começamos a viver o tempo com a consciência correta.

É nossa consciência que nos leva do passado ao futuro em instantes. A consciência que Deus nos dotou é um dos maiores poderes que nos foi dado. E será nossa consciência que fará com que ajustemos as fases do tempo. Precisamos alinhar os ponteiros do nosso relógio e ficarmos em dia com o tempo. O tempo é nosso, ele nos foi dado pelo Criador. É uma bênção, e temos o dever de usá-lo da melhor maneira possível. Se não ajustarmos as fases do tempo dentro de nossa consciência, corremos o risco de deixarmos que ele escape por entre os dedos sem termos realizado nossos maiores sonhos. Procure identificar em que fase você costuma passar mais tempo. Todas as fases são necessárias para nossa evolução, todavia, demorar-se mais tempo do que o necessário em cada uma pode provocar atrasos na nossa autorrealização. Na natureza muitas vezes a diferença entre o veneno e o antídoto está na intensidade da dose aplicada. O caroço de pêssego contém cianureto; se um cavalo ingerir um caroço apenas, terá uma sensação de dormência na boca; se ingerir vinte, provavelmente morrerá.

Você já deve ter encontrado pessoas que vivem no passado, culpam-no, choram constantemente devido às lembranças, reclamam dos outros, dizem que o passado é que era bom etc. E também já deve ter encontrado pessoas que odeiam o passado, porque lá foram vividos seus sofrimentos, tristezas, angústias; contudo, mesmo dizendo que odeiam o passado, se medíssemos a quantidade de horas que essas pessoas ficam lamentando o que já passou, seria até engraçado constatar que continuam vivendo nele. Cada segundo que vivemos no passado é um segundo perdido, porque o tempo continua caminhando para o futuro. Não se pode parar o tempo ou fazê-lo voltar atrás, talvez apenas na literatura e em nossos sonhos.

Às vezes é bom voltar ao passado; isso pode nos trazer algum benefício, não podemos também condenar definitivamente o passado. Temos de entender qual é seu principal papel. Temos de aprender com ele, identificar o que não foi positivo em nossa experiência e traçar objetivos para que o que aconteceu de ruim não volte a acontecer. Temos de saber identificar quais os pensamentos positivos, as sensações positivas que as experiências do passado nos trouxeram, e fazer dessas memórias coisas vivas, atuais, métodos para um novo amanhã. Se você teve algo de bom no passado, por que não trazê-lo de volta não apenas nas lembranças? O segundo que passa tão rápido aos nossos olhos já se transformou em passado. O passado é um reservatório, um estoque que criamos ao longo da nossa existência.

Dizem os estudiosos da memória que ela não pode ser apagada. Criamos nossos porões e as trancamos, visitando-as às vezes, quando algo nos remete a elas. O que podemos fazer é dar um novo significado a elas, e só conseguimos fazer isso quando aprendemos com nosso passado. Conheço pessoas que gostam do passado, são apegadas a velhos hábitos, a velhas superstições, fazem tudo da mesma maneira há anos. Não querem mudar, têm medo do novo. Mas o eterno é feito de mudanças. As quatro estações são a lembrança de Deus à humanidade de que tudo tem fases; só precisamos nos adaptar a elas, assim nos tornamos a mudança e ela não mais nos incomodará. Ela passa a ter um significado. Precisamos caminhar sempre unindo as fases do passado, do presente e do futuro. Na verdade, essas fases são feitas do mesmo material: nossas escolhas. Nosso passado positivo foi resultado de escolhas positivas; nosso passado negativo, de escolhas não tão boas. Sempre, em cada situação com que deparamos, escolhemos as emoções que vão carimbar as memórias.

Podemos reclamar e ficar furiosos porque batemos nosso carro, ou, no mesmo instante, podemos agradecer pelo fato de nada pior ter acontecido. Ao longo de nossas experiências vamos escolhendo que significado daremos às coisas que nos acontecem e àquelas que fazemos acontecer. O passado é um reservatório, um banco de dados de emoções e de experiências, que nos serve para construirmos um presente que nos leve a um futuro melhor. É uma boa maneira de pensarmos sobre o passado, não acha?

Há pessoas que só vivem no presente. Não gastam muito tempo lembrando o passado. Em geral, tais pessoas não se lembram muito do passado, porque o presente que vivem é feito de um dia após o outro, mantendo-se em uma espécie de escravidão autoimposta pela correria do dia a dia. Tampouco pensam sobre o futuro, o *agora* não lhes dá tempo para planejarem. São pessoas que agem bastante, executam muitas coisas, entretanto, no fim da vida percebem que não saíram do lugar. Deram voltas e mais voltas, mas não caminharam em direção alguma que não fosse vivenciar seu mundo do mesmo jeito dia após dia. A vida deve ser uma espiral ascendente, não um círculo vicioso. É a ideia do cão que corre atrás do rabo. Quando, depois de muitas voltas, consegue mordê-lo percebe que mordeu a si mesmo. Não aprendem com o passado, não aprendem com o futuro. Estão escravizados e nem percebem. Sentem inveja dos que realizam seus sonhos, vivem uma vida medíocre. É uma autoilusão.

Acredito que a maior parte das pessoas vive nessa fase do imediato, do sufoco, da correria. Estão tão cansadas com a rotina que, quando têm um tempo para aprender com o passado e planejar o futuro, só conseguem dormir. O pior é que nem conseguem se lembrar de seus sonhos. São pessoas que não dão valor aos sonhos. Nem conseguem entender o poder que eles possuem. A tendência é continuarem na sua zona de conforto ilusória até que algo ou alguém os desperte. Encontro muitas pessoas nessa fase durante os treinamentos sobre gestão de tempo. São inúmeros exemplos.

Em um dos treinamentos, um participante veio me dizer que há 17 anos ocupava o mesmo cargo, recebia o mesmo salário, fazia as mesmas coisas. Mesmo tendo tido várias oportunidades de evolução oferecidas pela empresa, ele não as aproveitava, recusava cursos gratuitos e não buscava fazer nada além do que cumprir com suas funções. Perguntei o que o fazia ser assim. Ele me respondeu que tinha medo de mudar. Perguntei-lhe então o que o motivou a vir fazer o curso. Ele me disse uma coisa que achei muito interessante: "Eu não me aguento mais." Chega uma hora que precisamos mudar, precisamos evoluir, senão começaremos a ficar insuportáveis aos outros e a nós mesmos. Vida é evolução.

O sonho de Jacó é muito instrutivo: a escada representa evolução, temos de subir os degraus. O presente serve para olharmos para os dois lados: o passado em busca de aprendizado e o futuro em busca de metas e da definição de onde queremos chegar, do que queremos ter, ser e fazer. O presente serve para que foquemos nossa atenção sempre levando em consideração nossas esperanças, serve para que construamos o futuro que quisermos. O presente é o momento de trabalhar com perseverança, embora de nada adianta trabalhar sem ter um propósito maior. O presente serve para que controlemos nossa consciência e foquemos nossos esforços nas ações necessárias de hoje para merecermos nosso futuro. Se ficarmos muito tempo no futuro também não trabalharemos por ele; se ficarmos muito tempo no passado, perdemos tempo; e se ficamos apenas no presente não evoluímos. Tudo deve ser dosado na medida certa.

Outro tipo de pessoas que encontramos pelo nosso caminho são aquelas que vivem no futuro. Procuram escapar da realidade opressiva do presente e do passado sofrido, fixando seus pensamentos no futuro que nunca chega. São pessoas que empurram a vida literalmente com a barriga. Em geral, não têm muita atenção no que fazem e têm facilidade em perder o foco e a concentração.

Não sabem usar o futuro como uma visão, usam-no como uma droga viciante, uma torre de marfim; vivem em estado constante de autoilusão. Imaginam um paraíso que nunca chegará. Não aprendem com o passado, não querem enfrentar a realidade do presente, preferem fugir para um futuro maravilhoso achando que ele será manifestado sem esforço. Elas se esquecem de que são as ações do hoje que construirão o futuro. E não agem de maneira focada no trabalho presente, porque o presente não é tão bom quanto o futuro que sonham.

E eu me pergunto como construirão o futuro que sonham se nada fazem por ele efetivamente? Constroem castelos no ar; a cada vez que se veem distantes de seus desejos, por nada fazerem por eles, mudam seus sonhos. Enquanto isso, o saudosista pode sofrer de melancolia, de depressão. Pode correr o risco de se perder em devaneios constantes e assim não se torna um trabalhador eficaz.

Conheci um homem assim. Não conseguia fazer qualquer tipo de projeção empresarial correta porque suas variáveis de análise eram as ilusões. Ele pegava a calculadora e começava a fazer contas mirabolantes do que iria faturar. Sonhava com o que iria comprar, mas suas projeções e seus números eram infundados; ele não analisava o passado e não conseguia entender os indicadores econômicos do presente.

O futuro é uma visão. Nós podemos construir nossas visões. Dedicar tempo na visualização do nosso futuro é algo que precisa ser feito. Porém, novamente, demorar-se demais no futuro é perder tempo. O futuro é construído pelo hoje. É engraçado notar que das três fases esta seja a que menos as pessoas investem tempo. Nos treinamentos, percebo mais pessoas que vivem no passado e no presente, são poucas as que vivem no futuro. Mas as que vivem no futuro e conseguem tirar valiosas lições de suas visões são aquelas que moldam o curso da humanidade.

É importante sonhar, o sonho e o futuro estão interligados. Não houve uma única realização que não tenha nascido de um sonho. Muitos escritores visitaram o futuro ou criaram o futuro. Gostava muito de ler Júlio Verne e Isaac Asimov, e é interessante notar como esses homens conseguiram antecipar inventos que só seriam possíveis de serem realizados séculos depois. Esse é o poder dos sonhos, eles nos levam ao futuro. É importante ter em mente qual é o futuro pretendido, mas, ao mesmo tempo, criar de maneira realista um plano efetivo de ações de curto, médio e longo prazo para que esse sonho de futuro se torne uma realidade de futuro.

Ajustar as fases do tempo é ficar em dia com o relógio da vida. Há tempo para tudo. As três fases – passado, presente e futuro – são suas, pertencem a você e estão dentro da sua consciência. São porões e sótãos em que depositamos anseios, emoções, esperanças e aprendizados. Mas sem o ajuste perfeito e dosado, o tempo passará até que já não haja mais passado, presente ou futuro. Por que então não começarmos hoje? Fazendo isso, quando o futuro chegar você terá muito passado do qual se orgulhar.

16
Aprenda com o passado

Neste capítulo serei breve e objetivo, caso contrário, correrei o risco de me perder no passado. O passado deve ser visitado com o propósito de extrair experiências, aprendizados e exemplos positivos. Lembrar nossas conquistas e vitórias nos dá força e motivação. Todos nós tivemos vitórias, sejam pequenas ou grandes. Seu dever agora é achá-las. Costumo fazer uma meditação que chamo de "sala dos triunfos". Fico sentado confortavelmente, geralmente ouvindo uma boa música, com os olhos fechados. Imagino que estou entrando em uma sala repleta de medalhas e troféus, com pequenos estandartes e muitos quadros. Esses quadros são cenas de vitórias que conquistei ao longo da minha vida. Ao lado de cada quadro, uma medalha com uma inscrição. Por exemplo, quando eu tinha sete anos ganhei um brinquedo que queria muito, o Forte Apache do Playmobil. Minha avó e meu irmão disseram que eu não seria capaz de montá-lo sozinho. Eu aceitei o desafio. Tranquei-me no quarto e, depois de quebrar a cabeça, consegui montá-lo. Foi a minha pequena (pequena?) vitória. Guardei a cena como um quadro pintado nessa sala dos triunfos e na medalha que me dei está escrito: "Parabéns por ter acreditado em você, ter persistido e ter concluído uma tarefa difícil."

Toda vez que enfrento uma situação difícil, visito a sala dos triunfos e procuro dentro do meu passado as situações grandes e pequenas em que fui vitorioso. Isso me dá energia, ânimo e um senso de autoconfiança. E quando não tenho na minha experiência nada que possa me ajudar? Então pego emprestado de algum personagem famoso da história seus feitos e seu aprendizado. Penso que se ele conseguiu ser paciente e sábio, se agir de forma parecida, também consiguirei.

Visite seu passado e pense nas suas vitórias! O que você aprendeu? Como agiu? O que fez de certo? Parabenize-se e grave a cena na memória. Toda vez que precisar de motivação, energia e autoconfiança ela virá à sua memória.

Outra coisa importante a fazer com o passado é aprender com ele o tempo todo, principalmente com as derrotas e os fracassos temporários (gosto do termo cunhado por Napoleon Hill, "derrota temporária"[9]). Nossos erros nos ensinam a ter mais cautela, planejamento e critérios. Escolha uma lembrança positiva. Descreva-a e procure extrair dela todo o aprendizado. Aqui é interessante perguntar para outra pessoa. Faça uma entrevista com alguém que tenha aprendido muito com o próprio passado e veja o que ele aprendeu. Escreva o aprendizado em termos práticos e pontuais.

Marcos foi viajar de avião pela primeira vez. Seria o palestrante em um evento importante de sua empresa e se preparou muito para isso. No aeroporto, por desatenção, acabou entrando no ônibus errado, que o conduziu para uma aeronave diferente da que teria de viajar. Ainda desatento, nem percebeu que aquele avião não era da sua companhia. Como estava cansado, sentou-se em sua cadeira e logo dormiu. Quando acordou, estava no outro lado do país. Como ele conseguiu entrar no avião errado? Como ninguém viu? Depois disso Marcos aprendeu a:

1. Ficar atento à hora do embarque;
2. Sempre perguntar se está na fila certa;
3. Olhar para ver se o avião é da companhia certa;
4. Quando entrar no avião, perguntar para a aeromoça se está no voo certo.

Qual foi o aprendizado de Marcos? Ficar atento e perguntar sempre. Quando extraímos o aprendizado, percebemos que tudo o que nos acontece nos molda para que fiquemos cada vez melhores.

Se visitar seu passado e não tiver o objetivo claro de buscar força nas suas conquistas ou de aprender com os erros para evitá-los e fazer melhor da próxima vez, então controle-se e termine a visita, senão você começará a se lastimar, reclamar e culpar a si e aos outros. Trata-se de disciplina; a prática tornará você um triunfador objetivo. Para dominarmos o tempo temos sempre que ter em mente que o passado é aprendizado, perdão, motivação e experiência.

O que você aprendeu com o seu passado? Extraia o aprendizado para evitar repetir os mesmos erros. Extraia as coisas boas para melhorar sempre. Boa viagem! Mas lembre: fique atento e não deixe de parar na próxima estação: futuro!

17
Rumo ao futuro

O futuro é um conceito no mínimo intrigante. Ele é diferente do ontem e do hoje; é totalmente imprevisível. Particularmente, acredito na capacidade profética. A história está repleta de profetas que com suas visões conseguiram acertar o que seria o futuro. Até mesmo, como já citamos, escritores e visionários puderam prever como seria o futuro. E quando não temos a capacidade de escritores e visionários? Para que então planejar se o futuro é incerto e imprevisível? Essa é uma dúvida muito comum que surge nas pessoas que não têm o hábito saudável de planejar. Grandes planejadores e otimistas sabem que o futuro é incerto, ainda assim planejam sempre. O futuro é incerto para todos aqueles que não sabem o que querem, para todos aqueles que não aprendem com o passado. O futuro é incerto quando as ações do hoje não estão contribuindo para que o futuro seja construído. Quando pensamos sobre o futuro, quando investimos tempo para imaginar o que queremos ter, ser e fazer no nosso futuro ele começa a ficar menos incerto. A frase de John Kennedy se encaixa perfeitamente para ilustrarmos a importância de pensar no futuro: "O homem teme o desconhecido." Se seu futuro é desconhecido de você mesmo, ele lhe causará temor. E como fazer para conhecer o seu futuro? É mais simples do que pode parecer. Tomemos emprestadas as palavras de Peter Drucker: "A melhor forma de prever o futuro é criá-lo."[10] A simples visão do seu futuro já o torna conhecido. Claro, podem acontecer coisas que você não poderá prever. Porém, a maior parte do seu futuro será sempre o resultado das suas escolhas e das suas ações ou omissões. Portanto, o futuro serve como um alerta. O futuro serve como uma visão, ele nos ajuda a visualizar a direção que estamos tomando. O futuro serve para ser criado. Se no futuro você quer ser fluente em algum outro idioma, tem de começar a estudar hoje. Se quer ter dinheiro amanhã, deve começar hoje a investir mensalmente. Se a pessoa nunca investiu e continua sempre gastando mais do que recebe, como será o seu futuro? Não será necessário nenhum dom profético para saber que se não houver mudanças de hábitos o futuro não será do jeito que ela espera. Mas, afinal, será que a pessoa espera alguma coisa? Será que há alguma expectativa? Você já reparou como a maior parte das pessoas não consegue enxergar que certas ações e hábitos não vão levá-las a lugar algum? Tenho um amigo que sonha com um carro de luxo, diz que um dia vai tê-lo, mas nada faz para consegui-lo: não economiza, não faz nada para aumentar a renda, não tem ideias empreendedoras; absolutamente nenhum comportamento nele indica que um dia ele vá conseguir tal carro esportivo. Já faz 18 anos que o ouço falar que um dia vai ter esse carro, todavia nem mesmo arrisca na loteria.

Quantas pessoas assim você conhece? Certamente muitas. Agora, tem uma pessoa que você conhece bem e é a pessoa que mais nos interessa. Você mesmo! Como está sua relação com seu futuro? Será que em algum aspecto você pode estar parecido com esse meu amigo? Temos uma incrível dificuldade de perceber a nós mesmos. A espécie humana é a única que não consegue sentir o próprio cheiro. Daí a importância de olharmos para dentro de nós e procurarmos entender para que serve o futuro, como o imaginamos e se estamos progredindo em direção a ele.

Aqueles que constroem o futuro criam dentro de sua mente e de seu coração a visão do futuro que querem, plantam as sementes da realização desse futuro no campo dos sonhos, estabelecem metas e regam constantemente suas ações com fé e esperança. Esse conceito merece tempo para que seja bem compreendido. Visões e sonhos são os portais de acesso ao futuro; a meditação, a contemplação e o tempo em que não fazemos nada também podem nos levar ao futuro. Agora é hora de investir tempo e parar para pensar sobre o seu futuro. Mas antes vamos procurar entender um pouco mais sobre o futuro e sobre nossa visão de futuro.

O FUTURO COMO VISÃO

Dissemos que o futuro é uma visão que serve como futuro. Perdoe-me, leitor, se não pude resistir à filosofia e aos silogismos, mas não se preocupe. O sentido de visão gera definições um pouco diferentes entre os grandes teóricos e escritores.

Usualmente, o termo visão aplicado para as empresas (lembre que toda grande empresa tem missão, visão e valores) resume o querer ser da empresa, como ela se vê e como quer ser vista no futuro. Nisso a maioria dos autores que fala sobre a visão concordam. A visão ajuda a traçar a missão, as metas e o planejamento. Tanto para uma empresa, quanto para nossa vida pessoal, é necessário ter uma visão de futuro.

Tente refletir um pouco sobre o que é uma visão para você? O que você entende sobre visão e futuro? O mais extraordinário é que o futuro só pode mesmo ser visto por meio do sentido da visão, da visualização e da imaginação. Os visionários são aqueles capazes de olhar o que ainda não existe como se já existisse. A visão que temos do nosso futuro servirá para definir o querer ser, ter e fazer da nossa existência. A visão gera em nós uma meta, um desejo ou um estado que, a partir dessa visão, ansiaremos por ter. A visão do paraíso. A visão de uma empresa lucrativa. A visão de sermos felizes com uma família. Tudo o que ainda não temos, mas que podemos visualizar dentro de nossa mente e de nosso coração torna-se uma visão que se mantém em nossa mente e que constantemente molda o nosso futuro. Às vezes acontece de termos uma visão (gerada a partir de um *insight* ou de uma intuição) que se desenvolve no nosso futuro. Você já deve ter conhecido pessoas que seguiram determinadas carreiras depois de terem visto a si mesmas fazendo certas coisas. Algumas pessoas quando param e meditam sobre seu futuro recebem uma espécie de quadro mental; elas o veem como se fosse um filme e a partir daí mudam suas ações e traçam seus rumos.

A visão serve como o futuro, olhar nosso futuro, imaginá-lo serve como uma visão. A visão e o futuro são irmãos siameses.

O FUTURO COMO ALERTA

Imagine que você tenha um sonho premonitório que lhe mostre o que vai acontecer com você daqui a trinta anos. Dependendo do que visse e dependendo da sua crença em sonhos dessa natureza, faria alguma coisa para mudar? Se o alerta mexer com você certamente você repensará sua vida. Digamos que você, um leigo na área financeira, faça um investimento porque acredita que será bom, porém o maior especialista em finanças o avisa que esse investimento não é seguro e não trará o retorno esperado. Você não mudaria? O futuro como alerta tem base nas projeções e nas informações que você tem hoje. De uma maneira ou de outra, seja por meio de avisos dos outros, ou da nossa consciência, recebemos intuições que podem nos ajudar a corrigir o rumo que estamos tomando hoje. Se a pessoa tem por hábito pensar no futuro, pensar na consequência de suas ações, planejar e tentar antever para evitar futuros problemas, certamente reduzirá os riscos e começará a construir um futuro mais próximo de sua visão de futuro.

O FUTURO COMO CRIADOR DO FUTURO

Quando conseguimos imaginar nosso futuro já estamos criando o próprio futuro. As visões que temos acerca do nosso futuro formam quadros mentais que formulam nossos desejos e anseios, e ficam registrados em nossa memória. Para ilustrar, imagine que você está meditando sobre sua vida e decide que em trinta anos quer ter uma casa de praia. Você consegue ver alguns detalhes da casa, mas a visão não está clara. Quando você, por uma segunda vez, parar para pensar nessa casa de praia, certamente conseguirá ver outros detalhes, como se a primeira visão que você teve tivesse ficado registrada na sua memória. Dessa maneira, o futuro que você vê em suas visões começa a gerar as ideias para que ele aconteça. O futuro é o criador do futuro; na realidade, pensar no futuro é a única maneira de criá-lo. Por isso que quem só vive no passado, ou só no presente, não consegue criar seu futuro. Conheci um chefe de segurança de um grande supermercado que me contou que, no sítio onde passava as férias com a família, ele colocava imagens das coisas que ele queria construir no terreno. Cantinho da futura churrasqueira. Local da futura piscina. Local da segunda casa. E colocava placas de madeira com essas palavras escritas. Foi desse jeito que ele construiu o sítio que sempre sonhou, que sempre visualizou em seu futuro.

Para conhecer melhor o seu futuro, basta olhar o seu passado e o seu presente. "Se quer saber sobre o futuro, estude o passado", dizia o filósofo chinês Confúcio.[11] Se quer saber sobre seu futuro comece a criá-lo, parafraseando Peter Drucker. Como saberemos o que será o futuro, então? O futuro será o resultado da soma de nossas experiências passadas com nossas ações de hoje. A conclusão é que devemos visitar nosso futuro, definir o que queremos dele e criar ações hoje que nos levarão a ele. Se pudéssemos criar uma equação matemática seria mais ou menos esta: passado + visão do futuro + ações do hoje (presente) + persistência = futuro que queremos.

Veja-se daqui a alguns anos e escreva o que vê. Escreva também o que você fez para chegar lá. A chave é usar a imaginação. Quais as lições do passado que podem ajudá-lo a chegar aonde você quer? E, acima de tudo, o que você deve fazer hoje pelo amanhã que deseja?

18
Viva o presente

Viajamos pelo passado, fomos para o futuro, mas pulamos o presente. Por quê? Porque é no presente que fazemos as nossas escolhas. Serão elas que construirão o nosso futuro (e também o nosso passado). O aprendizado proveniente das escolhas que fizemos no passado nos permitirá escolher melhor agora. Escolher, definir e priorizar está no domínio do presente. Nossas escolhas de hoje serão mais claras depois das nossas visitas ao passado e ao futuro. Com clareza, objetividade, um senso de missão e visão de futuro, fica mais fácil saber como conduzir nossas ações e nosso tempo para atingir o futuro dos nossos sonhos.

É no presente que devemos colocar nossa energia e produtividade. Todos os dias quando acordamos temos um novo presente. Um novo dia em que precisamos usar nosso tempo e o usamos sempre de uma maneira ou de outra. Alguns usam o tempo com ações produtivas e focadas, outros usam-no em coisas circunstanciais. Cada indivíduo recebe todos os dias o presente de presente, mas poucos agradecem por essa dádiva. O presente é uma oportunidade de começar ou recomeçar.

Hoje em dia o ser humano está robotizado, trabalhando, pensando e reagindo roboticamente. Os relacionamentos entram em uma espécie de piloto automático. Energia e produtividade são desperdiçadas. Dúzias de ações são executadas sem um propósito. Muitas tarefas são desempenhadas de modo tão displicente que as pessoas nem se dão conta do que estão fazendo. E tudo isso porque não estão vivendo no presente. A consciência está viajando, como se estivesse desconectada do corpo.

O presente de muitas pessoas é robótico; a consciência, o pensamento, o sentimento, e até as ações do corpo estão robotizados. É muito comum encontrar pessoas que não sabem por que fazem determinadas coisas. Há muitas outras que já se esqueceram do motivo pelo qual estão fazendo estas coisas. É aquela típica situação de não saber onde colocamos a chave do carro, ou de não se lembrar se ao sair fechamos a porta de casa. Gosto de perguntar para as pessoas: "O que você comeu ontem no almoço?" Embora a refeição deva ser um momento de prazer e de satisfação, para muitos quase nunca é um momento calmo. O café da manhã, que deveria ser a refeição mais reforçada e tranquila, acaba sendo um momento de preocupação com o que vai acontecer no trabalho.

Preocupações, medos e incertezas nos fazem fugir de nós mesmos e de nossa verdadeira identidade. Quando constantemente deixamos de viver cada momento presente, ficamos cada vez mais indiferentes com o que acontece ao nosso redor. Não percebemos as coisas boas da vida: o canto de um pássaro, o sorriso de uma criança olhando para as nuvens, o que a pessoa ao seu lado está falando... Aceitamos uma pré-programação quando não fazemos do nosso presente a melhor fase da vida. Quando estamos conscientes de nossas ações estamos sendo os programadores do nosso dia.

Tente se lembrar da última vez que você falou: "É hoje!" Não aquele "é hoje" carregado de preocupação ou de raiva. Mas aquele "é hoje" repleto de sentimentos alegres e pensamentos positivos. Aquele "é hoje" cheio de entusiasmo, esperança, certeza e contentamento. Uma criança acorda e pensa: "É hoje!" Recebeu muitos brinquedos e os abrirá hoje. Ela está alegre, um sentimento de certeza inunda seu coração porque sabe que ganhou o que havia pedido. Abre a caixa e, para sua surpresa, o presente superou até a expectativa dela, que já era grande. Como é belo! Ela sente o cheiro de coisa novinha, será a primeira a usar, olha cada cor com atenção, pega cada peça, começa a montar e brinca como se o ontem não existisse e como se o amanhã não fosse nada além de mais um novo dia para se viver. Agora que ela tem o presente dos seus sonhos, tem um futuro cheio de brincadeiras.

Quando vivemos o presente, todos os detalhes são percebidos de maneira inesquecível. Cada dia é vivido como se fosse especial e único. Quando vivemos o presente de verdade, conseguimos ter uma maior gratidão por tudo o que temos, pelas pessoas que convivem conosco, pela nossa saúde e por poder ouvir e ver o pássaro que fez um ninho na árvore da sua rua. Viver o presente é estar desperto e acordar para as coisas boas da vida. É o despertar da consciência de que o tempo é um presente que nos é dado para que possamos escolher quais pensamentos e sentimentos vamos manifestar a cada dia. Viver o presente é estar consciente das próprias ações e saber que são elas que fazem a vida ter significado. Quando compreendemos as fases do tempo, entendemos que tudo é o eterno agora.

E quando foi seu último "é hoje"? Lembra-se daquela energia com que se levantou da cama? Lembra-se das emoções que o acompanharam? Tudo isso porque nessa situação você esteve presente em cada momento.

Quando temos uma missão, quando estabelecemos metas, quando temos bem-definidos nossos papéis, quando nosso trabalho está na esfera da importância, quando temos uma visão de futuro e sabemos o que queremos e o que não queremos, quando assumimos que somos os responsáveis por nossas escolhas e quando começamos a organizar nosso tempo de maneira planejada e produtiva, estamos mais conscientes do nosso presente, do que fazemos no dia a dia. Você já acorda sabendo o que deve ser feito. Todo dia começa a ser o dia do "é hoje". "É hoje que eu vou fazer aquele curso!" "É hoje que vou brincar com meus filhos!" "É hoje que vou jantar com minha esposa!" Eleja um dia para acordar com plena disposição, sabendo que será um dia especial de viver o presente. Levante-se e fale: "É hoje que _____."

19
Esteja presente no presente

Quando crianças, somos o centro das atenções. A primeira vez que o bebê anda é uma festa para os pais, a primeira vez que ele fala é um acontecimento. Tudo o que ele faz é acompanhado por olhares atentos e ternos, sorrisos e aplausos entusiasmados. Mas chega um dia em que o bebê cresce, as atenções e os aplausos diminuem, os sorrisos e o entusiasmo vão desaparecendo. "Agora não é tão necessário tudo isso, afinal ele já está grande e tem de entender que não tenho mais tempo para essas coisas. Quando ele precisar de nós ele nos chama." E assim, com o passar do tempo, nossos relacionamentos começam a ficar robotizados. Aquilo que antes era uma satisfação enorme acaba se tornando uma obrigação. As pessoas falam conosco e estamos distraídos, estamos com as pessoas e ao mesmo tempo estamos em outro lugar, nossa mente divaga, não estamos presentes de fato. É mais difícil reconhecer quando fazemos isso com os outros, porém quando fazem conosco logo reclamamos. Também fazemos isso com nós mesmos. Quando estamos tirando férias em uma praia paradisíaca estamos preocupados com o trabalho; no trabalho estamos pensando nas férias. As fases do tempo precisam ser ajustadas e alinhadas com nossos pensamentos e sentimentos. Precisamos estar presentes no presente. Para organizar melhor o tempo temos de quantificar as horas, isso é o que temos visto até aqui. Quantas horas para qual atividade? Quantas horas para qual papel? Quantas horas gostaríamos de ter para fazer o que queremos? Quantas horas circunstanciais temos de diminuir? São muitas perguntas que nos fazem refletir. Tais perguntas se transformam em cálculos fundamentais para nossa administração do tempo. Porém, há outro aspecto que temos de levar em consideração. Temos de perguntar qual é a qualidade dessas horas. Quantidade nem sempre é qualidade.

O pai chega do trabalho e vai brincar com o filho, liga a televisão, liga o computador, e com uma das mãos fica empurrando o carrinho. O filho reclama e pede atenção na brincadeira, afinal ele esperou o pai o dia inteiro para brincar, é uma alegria enorme estar brincando com o papai, mas ele não está presente de verdade. Depois o filho se cansa e resolve brincar sozinho. *Ufa!*, pensa o pai, *agora tenho um pouco mais de sossego*. Mas então vem a esposa querendo conversar e novamente ele a escuta sem ouvir nada. No fim das contas não fez nada direito! Não brincou, não assistiu ao jornal, não conversou com a esposa e já está se preparando para outro dia, que será igual. No escritório terá uma reunião bem cedo, mas ele não vai estar presente, apenas seu corpo, se pudesse fazer com que seu terno fosse no lugar dele... Seus amigos o chamam para almoçar, mas ele não está presente no momento, pois está pensando que tem de brincar direito com seu filho quando chegar, afinal ontem não fez o que deveria; também pensou na conversa com a esposa. Assim, como seus pensamentos e sentimentos estão desligados do seu corpo, ele acaba não ouvindo seus amigos. Quando chega em casa, seu filho vem brincar, e, apesar de ter prometido a si mesmo que hoje iria brincar direito, acaba preocupado porque não deu atenção aos amigos. Essa história não é baseada em nenhuma ficção, ela acontece a cada momento com cada um de nós.

A melhor maneira de transformar o tempo em horas com qualidade é estar presente no presente. Estar presente no presente é estar consciente do que estamos fazendo, de onde estamos, de quem somos, do motivo pelo qual tal coisa é importante... Precisamos principalmente alinhar nosso pensamento e sentimento, nossa alma, nosso coração e nosso espírito.

No filme *O último samurai* me chama a atenção o pensamento oriental sobre viver cada instante como se fosse o último. O código de honra do samurai (Bushido) rege que este deve servir ao seu senhor e dar a vida por ele quando necessário. Imagine como seria viver cada dia sem saber quando será chamado a cumprir tal dever? Esse sentimento de honra faz com que cada pequena coisa seja vivida com extrema intensidade. No filme é mostrado o ritual do chá, os detalhes do servir e beber o chá. Quando que em nosso mundo agitado paramos para apreciar um chá como se fosse o último de nossa vida? O guerreiro deve conquistar sua mente, suas emoções, e saber que ambos devem servir ao espírito. A disciplina de viver cada pequeno instante como se fosse o último dá ao guerreiro um senso de gratidão e apreciação por tudo o que ele vivencia. Da próxima vez que for beber um chá procure sentir o calor da água, o cheiro, o sabor. O maior presente que podemos dar a nós e aos outros é estar presente no presente momento, em cada instante. Nem sempre será fácil manter esse nível de qualidade nas nossas horas, mas procure se lembrar das pessoas mais marcantes da sua vida, aquelas sobre as quais você pensa com carinho e que se tornaram inesquecíveis. Você vai notar que essas pessoas se tornaram inesquecíveis porque quando estavam com você elas estavam 100% presentes. O maior presente é estar presente no presente!

Dê um presente para si mesmo. Esteja presente 100%. Dê um presente ao outro e esteja presente 100%. Marque na sua agenda o dia do presente. O dia de estar presente no presente. Escolha uma situação específica. Pode ser brincar com seu filho, mas dessa vez procure viver esse instante com a maior intensidade que puder. Quando perceber que a qualidade baixou, termine, não se preocupe agora com a quantidade das horas, e sim com a qualidade delas. Escolha e agende uma atividade em que você vai estar tão presente que vai perceber todos os detalhes. Escolha algo que você ame fazer, e concentre sua atenção, alinhe mente, corpo, emoção, alma e espírito. Esse será o maior presente que você vai se dar. Não faça isso apenas uma vez; coloque esses pequenos presentes em sua rotina de vida. Aos poucos a qualidade de suas horas vai aumentar tanto que você conseguirá viver cada instante vivendo ao máximo suas percepções. A verdadeira qualidade de vida está em viver cada hora com qualidade.

20
Comece hoje a criar o futuro dos seus sonhos

Opa! Já não falamos do futuro? Por que vamos voltar a esse assunto? Porque há diferença entre o futuro e o futuro dos nossos sonhos. Já vimos que o futuro é a esperança. No futuro, colocamos sempre coisas boas. O futuro é o campo dos sonhos. Sempre preferimos pensar no futuro como um lugar estável, tranquilo, seguro, cheio de paz, realizações e felicidade. Na grande maioria das vezes vemos nosso futuro dessa maneira. Desejamos um futuro assim. Mas será que queremos de verdade? Quem não iria querer um futuro assim? Pode parecer um tremendo absurdo, mas a verdade é que muitas vezes nós não nos esforçamos o suficiente para merecermos o futuro dos nossos sonhos simplesmente porque não acreditamos nos sonhos. Não acreditamos que podemos sonhar e realizar. O sonho é apenas uma parte, ele tem como função nos convencer de que algo é importante, ele tem a função de despertar em nós o desejo. O desejo é o alimento de nossa vontade e a nossa vontade alimenta nosso desejo. Apesar de seus significados diferentes, desejo e vontade são interdependentes. Quando penso na relação entre os dois, lembro-me da máxima de *O livro da selva* de Rudyard Kipling: "O lobo é a força da alcateia e a alcateia é a força do lobo."[12] O desejo e a vontade não são meros conceitos filosóficos, são eles que moldam nossa vida e, consciente ou inconscientemente, induzem nossas ações. Temos de sonhar até que despertemos em nós o desejo de realizar tal sonho, mas o desejo sem a vontade nada realiza. A vontade precisa do desejo e o desejo precisa da vontade. E não basta apenas desejar e querer um bom futuro, devemos transformar nossos sonhos em ações práticas e diárias que nos levarão até ele. Devemos traçar a diferença entre sonhos e ilusões. Nosso desejo pode e deve ser direcionado para a realização do futuro que sonhamos e isso só será possível com o uso consciente da vontade que transformará nossas ações nos tijolos da construção do nosso futuro. Como discutimos em outros capítulos, podemos de certa maneira "prever" nosso futuro quando analisamos nossas ações e nos questionamos sobre aonde elas vão nos levar se continuarmos a repeti-las. Por exemplo, se você investir e guardar dinheiro com disciplina, certamente terá um futuro com independência financeira. Os céticos podem tentar, e vão fazer isso, colocar uma série de empecilhos nos seus planos, dizendo que pode acontecer uma crise, o sistema bancário pode quebrar etc. Contudo, os bons planejadores e os otimistas não temem essas coisas, pois não desprezam que tais coisas possam acontecer, por isso têm sempre um plano alternativo que apesar de alguns desvios, sempre os guia ao destino traçado. Isso é prever o futuro a partir do que você faz hoje, é construí-lo também.

No começo do capítulo ponderamos sobre uma diferença entre o futuro e o futuro dos nossos sonhos. O futuro dos nossos sonhos é aquele que ousamos acreditar. É um passo adiante. Sonhar é um ato de coragem. Imagine que você investe "sagradamente" R$ 100,00 todos os meses na poupança porque quer ter segurança no futuro, e fazendo um cálculo simples sabe que em 35 anos terá um milhão. Esse é o futuro que estamos falando até agora, o futuro calcado e estimado em cima das possibilidades que você tem hoje, analisado e projetado em cima das suas ações possíveis. Agora, o futuro dos seus sonhos é o que você ousar sonhar e ir além disso. Você pode sonhar com um futuro como milionário (se isso for importante para você), em vez de ter apenas independência financeira. Você sabe que se continuar trabalhando bem, sua empresa vai conseguir se manter, e no futuro você poderá ter uma boa aposentadoria. O futuro dos seus sonhos poderia ser transformar sua empresa em uma rede que atue em todo o país ou, quem sabe, em todo o mundo. O futuro dos nossos sonhos começa com a coragem de ousar sonhar com coisas que ultrapassam o limite da nossa realidade. Um dia Walt Disney sonhou com a Disneylândia, ele não se contentou em apenas projetá-la.

O futuro dos nossos sonhos só é possível quando sonhamos. A história da humanidade está repleta de exemplos de pessoas que ousaram sonhar com um futuro melhor do que aquele que as condições existentes as permitiriam. E foi esse sonho com um futuro maior ou melhor que as fizeram despertar. O sonho verdadeiro e divino não nos faz dormir, nos faz despertar. Temos de sonhar para despertar. Despertar é acordar para a realidade de que podemos moldar uma nova realidade. Despertar a consciência de que podemos e devemos criar o futuro que merecemos. Não apenas aceitarmos o futuro com base nas nossas limitações. Grandes ideias surgiram do sonhar. Quando o sonho verdadeiro se apresenta para nós, ele gera o despertar de que podemos ser o que sonhamos. E é uma bênção quando tal oportunidade nos é apresentada. Podemos ter tudo aquilo que desejarmos e tudo aquilo que nossa vontade nos ordena. E são os sonhos que conseguem acender em nós a chama do desejo e a luz da vontade. Um ardente desejo, uma vontade diamantina e um sonho verdadeiro são os conquistadores do impossível. O sonho, o desejo e a vontade, quando alinhados e em comum acordo, nos levam além das barreiras das limitações, superam as dificuldades, o pessimismo, e fazem as coisas acontecerem. Procure pensar no futuro dos seus sonhos. Ele é diferente da projeção que você fez do seu futuro? Certamente, porque o futuro dos nossos sonhos é projetado em cima do que ainda não existe; não há uma base estabelecida. Andrew Carnegie,[*] quando sonhou em ser o homem mais rico de seu tempo, nem sabia como conseguiria fazer isso sendo apenas um operário de uma siderúrgica, imigrante escocês sem uma educação formal. Mas, como nunca desistiu do seu sonho, alcançou-o com maestria e ainda ajudou a muitos. Quando Gandhi sonhou com uma Índia livre do império britânico não sabia como conseguiria e nem tinha os meios para isso, qualquer um diria que seria impossível, mas foi seu sonho que permitiu que os meios fossem criados. O futuro é a projeção das suas ações de hoje. O futuro dos sonhos projeta e ajuda a criar meios que ainda não existem.

Como seria o futuro do seu sonho? Ouse descrevê-lo. Se você está com dificuldade para visualizá-lo é porque você está precisando sonhar. O próximo capítulo pode ajudá-lo um pouco mais com seus sonhos;

---

[*] Andrew Carnegie foi um empresário norte-americano nascido na Escócia. Foi o homem mais rico de sua época, e o segundo mais rico da história dos Estados Unidos. (N. A.)

depois, volte a escrever o que acredita ser o futuro dos seus sonhos. Começar a criar o futuro dos seus sonhos é investir tempo para sonhar e traçar metas a fim de atingir seus sonhos.

21

Tempo para sonhar

O que seria da vida sem o sonho? E o que seria do sonho sem a vida? A vida e o sonho são sinônimos. Um alimenta o outro. Sonha-se para poder realizar, realiza-se para poder viver, e vive-se para poder sonhar. Sem o sonho não há vida bem vivida. Foi a partir dos sonhos que se construíram as maiores realizações humanas. O sonho é o começo de tudo. Você já se deu conta da verdadeira importância dos sonhos? Ou já desistiu de sonhar? Ou, ainda, acha que o sonho é apenas o que se passa no período em que estamos dormindo?

Os sonhos sempre tiveram uma importância muito grande nas civilizações. Eles são mensagens de Deus para o homem. Os sonhos podem orientar uma vida ou salvar uma nação. Como os sonhos do faraó que foram sabiamente interpretados por José. O sonho de Jacó, o sonho do copeiro e do padeiro do faraó, o sonho de Salomão, o sonho de Nabucodonosor que Daniel desvendou e interpretou. E em Filipenses 2:13 está escrito que o querer, o sonhar, vem de Deus.

Negar a importância do sonho em nossa vida é negar nossa existência e recusar a herança divina a que temos direito. É negar que há um propósito maior que está sendo revelado em uma linguagem simbólica. Não estamos falando apenas dos sonhos que temos durante a noite, mas dos que são sonhados enquanto estamos acordados. Esses são os mais poderosos, são os momentos de inspiração divina que recebemos para orientar nossa vida. Nossa sociedade não dá mais a devida atenção a esses sonhos. Nas sociedades antigas as pessoas se reuniam e contavam seus sonhos, e os anciãos ajudavam os mais novos a entenderem a mensagem simbólica. Hoje, com o turbilhão dos pensamentos agitados e as noites maldormidas, quase ninguém tem tempo para se lembrar dos sonhos, muito menos para tentar entender o que ele está querendo lhe dizer. Outros reagem de maneira agressiva contra os sonhadores, alguns chegam a zombar e criticar. Muitos cometem o crime de matar o sonho das crianças, impondo-lhes limitações ou fazendo-as desistir por acharem que não será possível. Temos de ter em mente que toda realização nasceu de um sonho. Seja de um sonho que tivemos durante a noite, seja de um sonho que tivemos acordados. Os grandes homens e mulheres da história foram grandes sonhadores que não apenas ousaram sonhar, mas que acreditaram de tal modo nos seus sonhos que removeram montanhas para concretizá-los. E um fator comum a todos os grandes sonhadores é que nunca deixaram de pensar nos seus sonhos, de mantê-los vivos em suas memórias. Apesar das derrotas temporárias, jamais se esqueceram deles. Mantiveram uma forte determinação, esperaram pacientes e lutaram pela realização do que sonhavam. Persistência, esperança, fé, determinação e ações eficazes são alguns dos ingredientes dos grandes realizadores de sonhos. Ultrapassar o sonhar e atingir o realizar só é possível quando acreditamos no que ainda não existe.

Reserve um pouco do seu precioso tempo para pensar nos seus sonhos, para voltar a gostar de sonhar com a esperança de uma criança, mas com o espírito de um vencedor. Pense nos sonhos esquecidos, nos sonhos que mudaram com o tempo, nos sonhos que você não acredita mais serem possíveis de serem realizados. Escreva seus sonhos em uma folha de papel. É importante escrever, isso não é apenas um detalhe; um sonho que fica na mente é uma nuvem, quando ele é escrito é como a chuva que cai, deixa uma marca. Nuvens podem desaparecer com o vento, mas a chuva que ela trouxe faz as flores florescerem.

Qual (ou quais) é o seu maior sonho? Qual (ou quais) sonho você conseguiu realizar? Quais sonhos realizou apenas em parte? Quais sonhos mudaram com o tempo? Existem sonhos que não mais poderão ser realizados? Não se preocupe. Não fique triste. Sonhe a partir de agora. Crie um novo sonho, mas agora com o intuito de realizá-lo de verdade. Hoje você está mais experiente e pode reunir mais recursos interiores para realizar seus sonhos. Eleja um sonho pequeno e siga os passos para concretizá-lo, se achar que isso vai lhe ajudar a aumentar a autoconfiança. Depois, tenha um sonho um pouco mais desafiador e mãos à obra! Você pode sonhar para cada área da sua vida: profissional, familiar, pessoal etc.

Exercício

Além de escrever seus sonhos, escreva também de quais sonhos você desistiu e quais foram os motivos que o fizeram desistir deles. Procure extrair o aprendizado de maneira objetiva e isenta. O intuito é criar um guia com todo o aprendizado para que com essas "dicas" você consiga evitar os mesmos erros.

22
Transforme sonhos em metas

Se você reunir trinta pessoas em uma sala e pedir que contem os sonhos de vida que tinham quando mais jovens irá perceber que grande parte delas não os realizou e está longe de realizá-los. Algumas vão se recusar a contar seus sonhos, porque isso lhes traz certa frustração. Uma pequena parte dirá que não se lembra de nenhum grande sonho, ou que nunca ligaram para essas "bobagens". Outras pessoas dirão que mudaram de sonhos, que antes tinham um sonho, mas que hoje são mais "realistas". Se você for um bom observador da linguagem corporal captará um ressentimento, uma espécie de decepção e um toque de ironia. Trabalhando como consultor em gestão de tempo tive a oportunidade de reunir várias e várias turmas de trinta pessoas. De tanto ouvir as histórias de vida dos participantes dos treinamentos, em determinado momento comecei a me questionar. Por que as pessoas mudam tanto de sonhos? Por que as pessoas desistem de seus sonhos? No meu papel de escritor, dou a devida importância ao sonho, meu material de trabalho é o sonho e as pessoas. Como um investigador da natureza humana, procurei respostas para essas perguntas.

Há muitas respostas, muitas justificativas, muitas desculpas. Os sonhos mudam porque nós mudamos, nossos valores mudam, nossas expectativas mudam. Crescemos e alguns sonhos morrem. Algumas pessoas sonham pequeno, porque não acreditam que possam sonhar grande. Algumas pessoas sonham grande demais e se frustram, por isso estão sempre diminuindo seus sonhos. Outras pessoas, depois de uma vida sem realizar seus sonhos, começam a desistir de sonhar. Há aquelas que assumem uma postura cética e crítica, até agressiva contra os sonhadores, mas isso não passa de inveja, de incapacidade em acreditar e de grande ressentimento por não terem conseguido realizar seus sonhos. Há também pessoas que se recusam a sonhar, chamo-as de mortas-vivas. Elas odeiam os sonhadores porque eles carregam dentro de seu coração uma energia que as incomoda. Como o morcego que vive na escuridão, elas preferem apagar qualquer indício de esperança. Têm medo não apenas de sonhar, mas do que pode acontecer se realizarem os sonhos. Poucos são os que gostam de mudanças, poucos compreendem que o imutável é a mudança, que a mudança é a evolução. Meu pai é alguém que sempre procura mudar e melhorar, e faz isso sempre em sua casa; sempre que o visito há algo diferente na arrumação dos móveis. Sua energia impressiona! Todavia, a maioria das pessoas não gosta de mudanças, toda mudança traz muito trabalho, mudar os hábitos, mudar de carreira, mudar de cônjuge; para alguns, pensar no trabalho que dá mudar já dá trabalho. A grande ironia é que uma das principais justificativas do porquê de as pessoas desistirem de seus sonhos reside no fato de que elas precisam mudar sua maneira de pensar.

É natural mudarmos de sonhos porque no decorrer da vida vamos nos desenvolvendo, incluindo novas coisas e jogando fora velhas coisas. Nossas expectativas mudam, nossa experiência de vida nos torna mais realistas. Isso faz parte da vida. Sonhos mudam, alguns morrem, simplesmente desistimos de outros. Existem sonhos que podem ficar no domínio da simples fantasia, outros, entretanto, são fundamentais para nossa realização como seres com um propósito maior. Ficamos frustrados se não realizamos esses sonhos mais importantes. Quando não realizamos nossos sonhos deixamos de realizar uma parte da vida, já que a vida é feita da mesma substância na qual os sonhos são feitos, citando William Skakespeare.[13]

Até o momento posso concluir que um dos motivos pelo qual desistimos ou mudamos tanto de sonhos é porque não transformamos nossos sonhos em metas, ou não conseguimos diferenciar o que é sonho do que é ilusão.

Sonhar é o processo inicial das nossas realizações. O sonho é a maneira de reconhecermos uma ideia divina, uma visão de algo a ser realizado; é uma primeira manifestação de algo que deve ser concretizado.

Os sonhos não são ilusões. Precisamos diferenciar ambos. Sonhar é criar. Quando sonhamos estamos criando uma realidade a ser materializada em nossa vida. Porém, uma ilusão é uma irrealidade, um exagero, um engano, um desvio, uma armadilha que nos desvia do rumo certo. As ilusões nos causam dor e sofrimento, se deixarmos, elas podem transformar os sonhos em autoengano. Precisamos traçar essa diferenciação o quanto antes em nossa vida. Precisamos saber reconhecer o que é sonho e o que é ilusão. A ilusão muitas vezes se aproveita dos nossos sonhos e trabalha em cima das nossas esperanças criando embustes. A ilusão nos conduz ao caminho da perda de tempo. O sonho nos conduz ao passo a passo para a realização. O sonho é uma imagem mental que criamos e que devemos manter na nossa memória para nos guiar. A ilusão é uma peça, uma armadilha da imaginação, que nos faz ver apenas o que nossos medos e anseios querem. A ilusão nos faz sentir bem, cria visões irreais, fantásticas, que nos induzem a achar que não precisamos nos esforçar. Os sonhos mostram muitas vezes o que temos de fazer e até mesmo as dificuldades que passaremos.

Nossos sonhos às vezes nos trazem preocupação, certo sentimento de apreensão, mas, como eles nos mostram o que devemos fazer, nos trazem também um sentimento de esperança e de dever. Os sonhos nos motivam. As ilusões apenas satisfazem nossos sentidos. Elas trazem como resultado a decepção, porque não nos preparam para as dificuldades. Leva uma vida inteira para aprender a diferença entre sonho e ilusão. E até os mais sábios conseguem cair nas armadilhas das ilusões. É um aprendizado.

O sonhador vê em sua mente algo a ser realizado ou visualiza algo como se já tivesse realizado, ou se vê realizando alguma coisa. Ele consegue ver o que deve fazer para realizar seu sonho, consegue ver até as dificuldades que poderá vir a passar. Por isso, o sonho é um processo de criação. Diz a Bíblia que Deus inspira nossos sonhos.

O iludido vê em sua mente uma miragem. Um mundo perfeito, situações que satisfazem seus sentidos e tais imagens tendem a fazer com que fique em um mundo paralelo de autoilusão.

O sonhador se imagina como um homem bem-sucedido. O iludido também. A diferença é que o sonho nos move para a ação e a ilusão nos faz ficar apenas na ilusão. O sonhador sonha com a grandeza, com grandes feitos. O iludido também. A diferença é que o sonho acaba, se encerra na visão, é como um flash. O sonho é um quadro que pintamos na mente; devemos voltar a ele e continuar a pintá-lo, ou ver os outros detalhes. A ilusão tem o poder de continuar nos iludindo; ela domina a mente, cria um filme perfeito, nos faz ficar horas vendo apenas as coisas boas e agradáveis aos sentidos, como se estivéssemos presos a essas imagens irreais. A ilusão, em geral, não nos empurra para acordar, ela nos faz dormir um sono que se aproxima da morte, a morte da realização de nossos sonhos. A ilusão muitas vezes contamina o sonho. Como uma gota de veneno em uma taça de vinho, se não conseguirmos o antídoto certo, beberemos o sonho com o veneno da ilusão. Tal como um vírus essa ilusão dominará pouco a pouco o conteúdo do sonho e causará confusão e irrealidade. A ilusão e o sonho trabalham com a mesma matéria-prima, a imaginação. Ambos utilizam a imaginação para gerar imagens e sensações. Por isso é tão difícil separar o sonho da ilusão. É uma guerra dentro de nós. A ilusão se alicerça em mentiras, se aproveita de falhas e traumas psicológicos, da baixa autoestima e do ego inferior. O sonho verdadeiro se alicerça em nossa verdadeira razão de existir, por isso o sonho que sonhamos à noite muitas vezes nos mostra o que estamos fazendo de errado. O sonho tem a função de transmitir uma mensagem de correção, uma direção a ser seguida e uma inspiração superior. A ilusão nos direciona ao erro, nos afasta do nosso propósito maior e não se preocupa em corrigir nossos defeitos, porque usa nossos vícios e nossas falhas para criar um mundo de fantasia onde nossos sentidos são saciados, nossa baixa autoestima será compensada por imagens exacerbadas e grandiosas de nós mesmos. O sonho verdadeiro é aquele que não está contaminado com ilusões e enganos. O sonho e a ilusão guerreiam entre si pelo nosso tempo. É uma luta constante, não há trégua. Há somente a vitória. Quando aprendemos a ouvir nossos sonhos e a separá-los da ilusão, estamos dando força para que o sonho vença a ilusão. Quando acreditamos nas ilusões e quando nos deixamos enganar por elas, damos força para que elas destruam nossa vida e nosso tempo. Quem vencerá essa guerra? O lado que você alimentar melhor. O antídoto contra a ilusão? Escrever seu sonho e transformá-lo em uma meta. Depois, fazer uma análise minuciosa dos motivos psicológicos por trás daquilo que queremos. Uma ilusão não resiste a um plano bem-elaborado e a uma análise profunda e racional dos verdadeiros motivos interiores.

As pessoas desistem de seus sonhos ou mudam seus sonhos muitas vezes porque deixaram que eles fossem contaminados pelas ilusões. Já que as ilusões tomaram muito tempo e energia, essas pessoas acabam por seguir o caminho mais fácil ou o caminho que agora será possível, afinal muito tempo foi perdido. Para que haja um divisor de águas entre seus sonhos, separe o sonho da ilusão. Aprenda com as ilusões, elas também nos ajudam a não sermos mais levados por esses erros. O problema de aprender com elas é que sempre sofremos quando percebemos o quanto fomos enganados, nos sentimos tolos e prometemos que nunca mais vamos cair em outra ilusão. Mas elas são mestras em se disfarçar e, se deixarmos, nos enganam novamente. Cuidado. Mantenha sempre a vigília dos seus sonhos!

Um comerciante tinha um sonho de ficar milionário e estava procurando algo que pudesse levá-lo à realização de seu sonho. Escreveu suas metas e estava com um plano bem-elaborado. Mantinha como hábito visualizar mentalmente seu sonho. Imaginava-se trabalhando para atingir sua meta e conseguia se ver de posse do que almejava. Estava fazendo tudo de acordo com os melhores métodos para alcançar seu sonho. De repente, uma ilusão se misturou ao seu sonho, como um vírus, como uma ideia disfarçada, como um falso amigo que aparenta trazer uma boa intenção, mas que na verdade, só quer a a sua destruição. Em determinando momento do seu sonho a ilusão fez com que ele se imaginasse milionário muito antes do planejado, de maneira fácil e sem tantas dificuldades. Ele alterou seu plano e comentou com alguns amigos. Não demorou e apareceu uma oportunidade. Um grupo de empresários o procurou e lhe fez uma proposta ousada e arriscada: associar-se a eles para levantar um capital e vender água para os países árabes do deserto. Eles o convenceram de que seria um negócio da China, ou melhor, das arábias, mas que para isso seria fundamental investir uma grande quantidade de dinheiro. Quando ele já estava com tudo quase pronto, teve um sonho durante a noite. Ele caminhava por um deserto em um camelo e levava consigo muitas garrafas. Encontrou em um oásis repleto de água um sheik e tentou vender suas garrafas, mas, enquanto as mostrava para o sheik, ao abrir uma delas, saiu areia. Abriu então todas as garrafas e em vez de água saía areia.

O sheik lhe disse que estava perdendo tempo, que não precisava de mais areia, que seu deserto já tinha muita. Ele não entendeu o sonho. Mas, como era um homem que dava atenção aos seus sonhos, contou à sua esposa e a alguns amigos. Um dos seus amigos pediu que lhe mostrasse o plano, e foi pesquisar e buscar informações. Não demorou muito e esse amigo veio lhe salvar. Os países árabes não compram água nessas garrafas plásticas porque as garrafas alteram o sabor da água. Descobriu também que os tais "empresários" pertenciam, na verdade, a uma quadrilha, que iam dar um golpe no comerciante. Ele foi salvo de uma ilusão por um sonho. E, mais do que isso, foi salvo porque seu amigo foi minucioso na pesquisa e no levantamento de informações. Foi salvo porque percebeu a diferença entre o sonho e a ilusão.

Quando me lembro dessa história contada por um amigo, sempre me vem a mente como a ilusão age: ela se aproveita de nossas esperanças, ela conhece nossas fraquezas, nossa ansiedade, o ponto fraco dentro de nossa psicologia. No caso do comerciante, ela se misturou ao sonho, mas foi justamente um sonho que o acabou salvando.

É incrível também a maneira como de um jeito ou de outro nossos pensamentos atraem o positivo e o negativo. "O que eu temia veio sobre mim; o que eu receava me aconteceu" (Jó 3:25). As imagens que criamos em nossa mente, aliadas aos nossos desejos e às nossas emoções, funcionam como ímãs para atrair o que mantemos em nosso pensamento. Por isso é tão importante termos sonhos e, mais importante ainda, eliminarmos as ilusões quando elas se apresentam em nossa imaginação.

Mas lembre sempre que se você ficar apenas sonhando não estará caminhando em direção à realização alguma. O sonho verdadeiro nos leva à ação, ele nos orienta, nos guia e nos motiva; ele conhece nossa verdadeira razão de existir. Se você não está conseguindo agir e está apenas sonhando, cuidado, pois pode estar sendo iludido. As ilusões nos enganam, nos desviam de nosso propósito, motivam ações erradas, se alimentam de nossos defeitos (que muitas vezes nem conhecemos) e alimentam nossos sentidos, trazendo apenas uma satisfação momentânea. No final de tudo, rouba nosso tempo, nossos sonhos e nossa vida.

Exercício

Descreva um sonho que o ajudou. Não precisa ser um que você teve enquanto dormia; descreva um sonho que, quando realizado, deu a você algum tipo de benefício. Descreva também uma ilusão e suas consequências negativas. Retire o aprendizado de ambas. Veja se consegue diferenciar o que é sonho verdadeiro e o que é ilusão em cada um dos seus projetos de vida. Quais as razões por trás de cada sonho e de cada ilusão. Essa percepção o ajudará a ser cada vez mais cuidadoso. Com o tempo, reconhecerá facilmente quando a ilusão estiver tentando enganá-lo novamente. Não esqueça, a ilusão não desistirá facilmente.

23
Escreva suas metas

Devemos sonhar sempre. Quando é verdadeiro, o sonho é uma poderosa indicação de que merece ser realizado. Valerá a pena estudá-lo, escrevê-lo, planejá-lo e executar ações que levem em direção à realização do que foi sonhado e imaginado em sua mente e em seu coração. Sonhar demais é um indício de que provavelmente a ilusão está nos desviando do nosso propósito de realizar o que decidimos. Existe a hora de sonhar, a hora de planejar e a hora de agir. Para que os sonhos sejam realizados é preciso transformá-los em metas. Quando os escrevemos e analisamos cuidadosamente, estamos filtrando nossos sonhos para que as ilusões sejam desmascaradas e evitadas.

Aqui o termo "meta" será usado com o mesmo sentido de "objetivo". Meta e objetivo, portanto, serão sinônimos de "alvo", um fim que se quer atingir, o lugar onde queremos chegar. Aquilo que queremos ter, ser ou fazer, e que ainda não temos, não somos ou que ainda não fazemos, mas que queremos dentro de algum período de tempo. Uma meta ou um objetivo é algo que traz um desafio e que, por isso, nos motiva, nos direciona e nos ajuda a focar nossas ações de acordo com o plano traçado para alcançá-lo. Existem muitas maneiras de escrever metas. Alguns modelos são muito utilizados em processos de *coaching* e *mentoring*. Tais modelos são fundamentais para evitar ilusões, pois, no processo de escrevê-las, permitem que haja constante reflexão com relação à verdadeira importância dessas metas. Quando as escrevemos podemos visualizar mais claramente o que queremos e, acima de tudo, podemos traçar um plano para realizá-las. Na metodologia da tríade do tempo, difundimos o modelo SMART, cuja criação é atribuída a Peter Drucker. Particularmente, gosto muito desse modelo. Os modelos PURE e CLEAR, de autoria de Sir John Whitmore, também são muito bons. Esses três modelos são acrônimos que facilitam a memorização dos filtros que ajudam a compor uma meta. Vamos explicar cada um dos três.

SMART

Cada letra da palavra se refere a um aspecto a ser analisado da meta, portanto temos: S (específico), do inglês *specific*, que se resume em descrever especificamente o que você quer. Aqui devem ser incluídos todos os dados que tornaram bem claro e definido o seu objetivo. M, de mensurável; aqui devemos colocar os valores, os indicadores que nos ajudarão a saber se atingimos ou não o que queremos, e principalmente devemos responder sobre qual é a quantidade. A, de atingível (ações alcançáveis), que se resumirá ao como, ou seja, a uma lista de ações que tornarão a meta executável; é o plano para se manter focado em pequenos e grandes passos. R, de realista, porém adotamos na metodologia Triad o sentido de *relevantes*, que seria o porquê de querermos determinada meta. No modelo de Peter Drucker, realista se refere a uma análise sobre se o objetivo ou a meta, apesar de ser desafiador(a), é realista, ou seja, possível de ser executado(a). T, de *timing*, que consiste na definição do prazo para que seja concretizado.

PURE

Da mesma maneira que o modelo SMART, cada letra se refere a um aspecto que ajuda a analisar a meta. Gosto de imaginar "filtros ou peneiras", que ajudam a pensar novamente na meta e direcionam de modo a ficar mais claro o que queremos. P significa positivo; é uma maneira de escrever a meta e formular o que se quer usando termos positivos. Por exemplo, em vez de parar de perder tempo, você pode dizer começar a usar melhor o tempo. U, de *understood*, ou compreensível. Essa "peneira" ajuda a tornar claro o objetivo que foi definido e as suas consequências. R, de relevante, significando aqui a relevância que tal meta tem para a pessoa, também ajuda a fazer com que ela se sinta responsável e se envolva de verdade em sua realização. E, de ético, ajuda a identificar se o que se está sendo traçado está de acordo com a ética.

CLEAR

Nesse modelo, temos: C, de *challenging*, ou desafiador; uma meta ou um objetivo deve ter um desafio que motive a pessoa; sem uma motivação verdadeira e desafiadora não há ação. L, de *legal*, relacionado com a legalidade, com as normas da sociedade ou da organização em que a pessoa está inserida, é uma maneira de contextualizar segundo as leis. E, de ecológico; esse é um dos filtros que acho mais interessante e procuro, independentemente do modelo que adoto, também olhar para ele com atenção, pois ajuda a analisar se a meta é apropriada e benéfica para a vida da pessoa. A, de adequado; essa "peneira" ajuda a ver se a meta está adequada às capacidades e competências da pessoa, e também à sua personalidade. R, de registrado, que tem por intuito fazer com que a pessoa escreva a meta e a mantenha em algum lugar bem visível para que se possa assegurar seu compromisso de realizar tal objetivo.

Muitas pessoas pegam uma folha de papel e escrevem tudo o que querem, fazem uma lista de desejos, o que almejam ser, ter e realizar, mas não seguem nenhum "ritual", nenhum modelo, não fazem planos, e muito menos reveem suas metas. Esses modelos ajudam a tornar claro o que queremos, ajudam a definir, planejar e visualizar. Essas perguntas evitam perda de tempo porque nos mostram a real importância e o contexto das nossas metas.

Um participante de um curso me disse que não escrevia mais suas metas porque, como elas não se realizaram, passou a não mais acreditar nelas. Perguntei se ele havia feito alguma coisa para realizá-las e não menos impressionante e esperada foi sua resposta: "Pois é, eu as escrevi, mas quase nunca pegava no papel e não fiz mesmo nenhuma ação prática para realizá-las." Outras pessoas dizem fazer suas listas sempre no final do ano. Algumas até fazem uma brincadeira de anotar em um papel e deixar em um envelope que será aberto ao final do outro ano para ver o que fez e o que não fez. Na maior parte das vezes nada do que é "prometido" é cumprido. Não basta escrevê-las em uma folhinha que será esquecida, temos de planejar ações executáveis e agendar essas tarefas, colocá-las no nosso dia a dia. Precisamos monitorar a execução desses passos e checar constantemente os resultados.

Você pode desenvolver um modelo para escrever suas metas. Se quiser pode fazer uma mistura com os filtros desses três modelos. Pode criar uma meta SMARTPURE ou CLEARSMART, ou SMARTPURECLEAR. O que você precisa ter em mente é que já foi comprovado que esses modelos ajudam; eles foram criados por grandes pensadores da administração que testaram sua eficiência em muitas empresas e em diversas situações. Escrever uma meta aumenta em muito a chance de realizá-la. Escrever levando em consideração todos esses filtros, fazendo as perguntas certas, revendo e monitorando a execução e assumindo um compromisso com você, são os ingredientes para que seus sonhos sejam realizados. Ao utilizar qualquer um desses modelos, você perceberá como tais perguntas ajudarão a eliminar pouco a pouco o perigo das ilusões. Napoleon Hill, autor de *A lei do triunfo*, sugeria que suas metas fossem escritas e visualizadas todos os dias. Faça isso. Comprove. Não deixe de escrever suas metas. Coloque em algum lugar em que possa visualizá-las constantemente. Planeje e execute ações, monitore os resultados e estude caminhos e estratégias. Escolha um dos modelos e escreva uma meta para você.

A seguir, um exemplo de uma meta utilizando o modelo SMART.

META – EMAGRECER.
S – Específico: Emagrecer dez quilos com saúde, sem fazer dietas mirabolantes, controlando a minha alimentação, fazendo exercícios regularmente, baixando os níveis de gordura e aumentando a massa magra.
M – Mensurável: Emagrecer dez quilos; reduzir o percentual de gordura para no máximo 15%; reduzir as medidas da cintura de 112 para 92cm. Fazer exercícios no mínimo uma hora por dia quatro vezes por semana. Investimento inicial: R$ 100,00 de academia; R$ 300,00 de compras de alimentos e roupas para treino.
A – Atingíveis (ações alcançáveis): Marcar nutricionista dia X. Matrícula na academia dia X. Comprar alimentos mais saudáveis de acordo com orientação da nutricionista dia X. Combinar com uma amiga para caminharmos juntas no parque aos sábados e domingos por uma hora (ligar e marcar com ela dia X). Comprar roupa de treino dia X. Checar orçamento de um *personal trainer* dia X. Musculação três vezes por semana a partir do dia X.
R – Relevância: Porque eu preciso me sentir bem. Preciso levantar minha autoestima. E, acima de tudo, preciso melhorar minha saúde para viver melhor e com mais qualidade de vida, energia e disposição.
T – *Timing* – No dia X terei emagrecido dez quilos e mantido meu peso ideal.

Exercício

Utilize o exemplo anterior como um exercício para que você compreenda os modelos e veja qual deles você prefere; escreva a mesma meta em cada um deles. Há muitos profissionais de *coaching* que podem ajudá-lo a formular suas metas. O importante é se aprimorar cada vez mais no processo de transformar metas em sonhos e de destruir as ilusões a cada passo. Assim sua meta se transformará em um sonho possível e realizável.

24
Metas de curto, médio e longo prazos

Outra maneira de tornarmos nossos sonhos possíveis e realizáveis é situá-los dentro do seu tempo certo. O que estamos vendo até agora é que a gestão do tempo, na verdade, pode ser resumida à gestão pessoal, ao gerenciamento de nossos desejos, nossos sonhos, nossas metas, nossos papéis, e àquilo que fazemos com nosso tempo no dia a dia. A ansiedade de querer fazer tudo ao mesmo tempo, a sensação de imediatismo, tira de nós a possibilidade de fazermos muito mais. Se lotarmos a nossa agenda com compromissos e demandas, logo reclamaremos que não temos tempo e, principalmente, ficaremos cada vez mais cansados e sem energia. Não demorará muito e passaremos a reclamar de tudo, nossa capacidade de concentração ficará prejudicada e não aproveitaremos metade dos compromissos agendados.

Escrever suas metas de acordo com o prazo de execução o ajudará a focar sua energia no que realmente é prioritário para cada fase da sua vida. Para ilustrar, vou contar um caso que aconteceu durante um treinamento. Pedi a um voluntário para que juntos escrevêssemos uma das metas dele no modelo SMART. A meta escolhida foi fazer pela quarta vez um curso universitário. Seguindo os passos, primeiramente especificamos e depois fomos para o mensurável, que se refere aos valores. Ele já sabia todos os valores que precisaria investir, o preço da matrícula, a mensalidade, o custo com livros, deslocamento etc. Contudo, perguntei a ele quanto do tempo dele ele teria de investir para concluir essa meta, diariamente. "Não tinha parado para pensar nisso!

O que você quer dizer?" Respondi que também podemos mensurar o tempo. Comecei a fazer um cálculo simples e ele chegou à conclusão que, entre deslocamento, trânsito, tempo passado em sala de aula, mais o tempo de estudo, teria de dedicar pelo menos seis horas seis vezes por semana. Quando observou por esse ponto de vista ele me disse: "Pensando bem, essa meta é importante, sim, para minha vida, porém não é a prioridade agora. Prefiro usar esse tempo todo para acompanhar o crescimento do meu filho, que está em sua melhor fase. E eu posso fazer essa faculdade daqui a cinco anos." Ele não desistiu da sua meta, apenas a colocou dentro de um novo prazo, porque sua verdadeira prioridade era acompanhar o crescimento do filho. Quando aprendemos a pensar de maneira priorizada e paciente, sem a ansiedade que nos faz querer tudo na hora, compreendemos que podemos fazer tudo o que queremos, mas cada coisa no seu tempo certo e de acordo com o que é mais importante no momento.

Reveja as metas que você escreveu no capítulo anterior. Podemos pensar em metas de curto, médio e longo prazos. Quando as situamos dentro dessa linha do tempo, podemos ter uma visão melhor de qual delas devemos começar hoje e de quais podem esperar um pouco mais. Pensar em longo prazo também é crucial para nos ajudar a definir quais as metas de médio e curto prazo. Afinal, se você sabe o que quer alcançar em vinte anos, certamente isso vai ajudar a definir o que você alcançará em dez, cinco anos e em um ano. Se em vinte anos você quiser morar fora do país, em dez anos já deve ter as condições para se mudar, em cinco anos deve estar fluente no idioma, portanto, daqui a um ano você deve se matricular em um curso de idiomas. As metas de longo prazo nos ajudam a visualizar o caminho a ser percorrido.

Nos treinamentos, pedimos para as pessoas escreverem suas metas para dois e vinte anos, o que faz parte da metodologia da Triad. Em uma turma de uma grande empresa, quando disse aos participantes que escrevessem suas metas de vinte anos, um senhor já bem calvo cruzou os braços e ficou me encarando. Tentei disfarçar ao ver sua reação, porém ele me chamou e perguntou se eu sabia fazer contas. Ele me perguntou em tom bem-humorado: "Você quer mesmo que eu faça uma meta para vinte anos? Eu tenho oitenta anos." A turma toda gargalhou. Eu disse para a turma que nunca é cedo ou tarde demais para buscar nossos sonhos. Lembrei-os sobre a história do filósofo

Sócrates, que, momentos antes de ser obrigado a beber cicuta como sua sentença de morte, pediu para aprender a tocar a lira. Essa foi a última lição do filósofo. Podemos aprender até nos últimos e derradeiros momentos. Sócrates fez questão de tocar porque era a realização de um sonho. Quando jovem, sonhou que seria músico, mas ele entendeu que a filosofia era a maior de todas as músicas, porque tocava a alma. Essa foi a sua última mensagem. Nunca é tarde para realizar um sonho antigo.

Depois que contei a história do filósofo para a turma, notei que as pessoas voltaram a pensar nas metas de vinte anos. Sugeri ao homem de oitenta anos que criasse uma meta para o mais distante que pudesse imaginar. Afinal, começamos a morrer no dia em que nossos sonhos deixam de existir, em que começamos a não acreditar mais na esperança de realizar tais sonhos. Todavia, o que mais me marcou nessa história foi o que esse senhor de oitenta anos veio me falar ao término do treinamento. Ele fez questão de ser o último a sair da sala e veio conversar comigo. Revelou-me que há vinte anos, quando tinha sessenta anos, tinha dito a si mesmo que aos oitenta já estaria aposentado e com um bom padrão de vida. No entanto, ainda precisava trabalhar para manter seu padrão de vida e não sabia quanto tempo mais aguentaria nesse ritmo alucinante do seu trabalho. Perguntei então o que havia acontecido, o que ele havia deixado de fazer, ou o que considerava que tivesse sido a causa para não concluir seu desejo de se aposentar bem. Então, ele olhou nos meus olhos e me disse que seu erro foi não ter aplicado tudo aquilo que já sabia, seu maior erro foi não ter escrito suas metas de vida e não ter lutado pelo futuro que queria de maneira consciente e planejada. Lembro-me sempre desse senhor, porque olhei para minha vida e tomei a forte resolução de lutar pelas minhas metas de vinte anos até que se realizem. Cheguei em casa e revi todas as minhas metas, monitoro constantemente a execução e os resultados obtidos a cada mês. Exatamente para evitar que aconteça comigo o que aconteceu com esse senhor e com grande parte das pessoas que deixam a vida passar pelos seus olhos. Fiquei me perguntando como alguém deixa vinte anos passarem diante dos olhos. Considero-me um abençoado por ter entrado em contato com as técnicas e a metodologia de gestão de tempo que sigo. Digo às pessoas que o momento em que nos deparamos com a possibilidade de corrigir nossos erros e traçar um novo caminho em direção a um futuro melhor é um momento de grande bênção. Devemos aproveitar essa oportunidade de um novo começo e agarrá-la com força e consciência para merecermos o futuro que sonhamos.

Exercício

Escreva suas metas de curto, médio e longo prazos. A divisão do tempo é escolha sua, mas geralmente se pensa em metas de curto prazo de um até dois anos. De dois anos até cinco anos, consideramos como metas de médio prazo, e metas acima de dez anos, classificamos como metas de longo prazo. Porém, você pode selecionar e dividir suas metas de curto, médio e longo prazos da maneira que se sentir mais confortável. O fundamental é fazê-las, para que, ao final de vinte anos, possa se sentir realizado e confortável. O futuro começa hoje!

25
Acerte o ritmo da vida

Qual o ritmo da sua vida? Alucinante? Devagar quase parando? Como anda a velocidade das suas realizações? Uma das maiores dificuldades que encontrei em minha vida foi entender o senso de ritmo. O quanto é importante, o quanto ele rege nosso trabalho. E a maior lição que aprendi é que tudo, absolutamente tudo, tem um ritmo. O ritmo é a essência da realização. O universo tem um ritmo constante. A natureza tem um ritmo. O ritmo está ligado ao tempo de modo inseparável. Nada existe sem um ritmo; se algo foi criado é porque houve um ritmo para isso. O coração tem um pulsar constante; mesmo sob grande emoção, o coração continua pulsando, só que em um ritmo mais forte. Vivemos a cada segundo com o conceito de ritmo, contudo não damos o devido valor a ele. Não percebemos muitas vezes como ele pode ser um fator decisivo nas nossas realizações e na execução de nossas tarefas e metas. Gosto de pensar no ritmo e associá-lo com a respiração. Nossa respiração segue um ritmo; quando corremos, aumentamos o ritmo dela. O ritmo é constante; se altera de acordo com a velocidade, mas continua naquela velocidade até que baixemos o ritmo da corrida. Nunca paramos para prestar atenção em nossa respiração, ou quase nunca o fazemos.

Recentemente, enquanto estava treinando musculação, a professora me alertou para uma coisa que faço sem perceber: prendo a respiração e deixo de respirar quando levanto muito peso, e isso pode aumentar a pressão arterial, o que é conhecido como manobra de Valsava. Quando percebi em mim esse hábito, comecei a notar que preciso respirar direito. Preciso aprender a respirar enquanto treino, caminho e corro. Com o ritmo da vida é a mesma coisa. Há momentos em que temos que direcionar nossa atenção para perceber e tornar consciente algo que é tão natural que nem nos damos conta. O ritmo é importante para nos dar a constância. A constância é um requisito para se alcançar o que queremos. Um ritmo constante até pode soar redundante, mas são conceitos diferentes, apesar de muito aproximados.

Como está o ritmo da sua vida? Quais são as áreas que você precisa diminuir o ritmo e quais as que você precisa controlá-lo melhor? Quais as áreas a que você precisa dar um ritmo? É melhor encontrar um ritmo em que você consiga manter uma velocidade constante. Isso é pensar de maneira equilibrada no nosso tempo. Equilibrar o ritmo da vida é fazer com que todas as áreas importantes do nosso ser mantenham uma velocidade ritmada constante, a qual consigamos acompanhar sem nos prejudicar. Vamos associar esse conceito de velocidade e ritmo a uma corrida. Se quisermos forçar demais quando não estamos preparados para um ritmo tão forte, corremos sérios riscos. O ritmo deve ser aumentado aos poucos. Por isso, é importante escolher um ritmo que conseguimos suportar, pois é melhor andar devagar, mas sempre, do que sempre parar. A história da corrida da lebre e da tartaruga se encaixa aqui. Nem sempre é melhor correr tão rápido, e parar a cada esquina para conversar. Quem chegou primeiro acabou sendo a tartaruga, que manteve seu ritmo lento, porém constante. Isso é o que precisamos ter em mente.

Da próxima vez que ouvir uma música procure prestar atenção em seu ritmo. Preste atenção no ritmo da sua respiração. Não está descrito na grande maioria dos currículos escolares o ensino da música. Poucas são as escolas que oferecem essa matéria. Poucas são as pessoas que reconhecem a vital importância do aprendizado do ritmo. Esse papel acaba ficando para as escolas de música e para algumas igrejas. O conceito de ritmo era ensinado antigamente como a base da formação do homem civilizado, algumas nações antigas ensinavam a rítmica. Hoje em dia, até mesmo para a música, o ensino da rítmica está caindo em desuso. O rei Davi, quando era apenas um tocador de lira, tocava e cantava para Saul para acalmar suas emoções. Ele corrigia o ritmo da alma por meio da música. O aprendizado da música é fundamental para se compreender o ritmo, que é um dos elementos da música (harmonia, melodia e ritmo).

Imagine uma música que perde seu ritmo. Imagine um atleta que a cada volta diminui seu ritmo. Imagine uma vida que perdeu o ritmo. Perdemos o ritmo porque não entendemos o quanto ele é fundamental para nosso trabalho e para nossa vida. Quantas vezes quebramos o ritmo de um projeto pela simples perda de foco ou de atenção e temos de começar de novo? Para trazermos esse conceito para nossa vida hoje, devemos primeiro analisar como está o ritmo de nosso trabalho.

Em toda obra musical as pautas estão sempre marcadas com o ritmo a ser seguido. Só assim os músicos conseguem tocar a música no ritmo certo. Só assim as notas têm sentido. Na maioria das vezes não marcamos o ritmo que vamos seguir. Mas vamos começar aos poucos. Estabeleça um ritmo constante. Por exemplo, qual será o ritmo que você vai imprimir para a leitura daqueles livros importantes? Talvez três páginas por dia. O ritmo constante do universo gera uma música que une as estrelas e o mantém em perfeita harmonia. Imagine por um instante os serafins de Deus que cantam constantemente um hino ritmado, "Santo, santo, santo é o Senhor dos Exércitos, a Terra inteira está cheia de sua glória" (Isaías 6:3). Esse é o ritmo do universo.

Ainda assim, os músicos também têm problemas de gestão de tempo. Conheci muitos que não sabiam se organizar. Também ajudei alguns estudantes de música a organizar a vida, trazendo um conceito que para eles era muito familiar e que se expandiu para as outras áreas da vida: o senso de ritmo. Quando se conscientizaram do senso de ritmo, eles conseguiram compreender melhor onde estavam falhando. É sempre uma questão de replicar algo que você já faz bem em algum trabalho ou área da vida, de usar o mesmo conceito para gerenciar o tempo.

Certa vez eu precisava perder uma quantidade grande de peso. Consultei um médico desportivo que me passou a dieta a ser seguida, com horários e quantidades certas, e me indicou que procurasse um campeão de fisiculturismo. O fisiculturista me passou uma série de exercícios e repetições. Porém, uma coisa que aprendi e que se associa ao senso de ritmo, foi a dica que ele me passou para os exercícios aeróbicos. Ele me falou para andar de bicicleta por uma hora. Mas eu tinha de atentar para um detalhe: deveria manter a velocidade constante acima de certa quantidade de voltas por segundo. "Você pode até acelerar o quanto aguentar, mas jamais, jamais baixe desse limite de voltas." Ele então me contou que o segredo para que conseguisse os títulos de fisiculturismo foi o ritmo da bicicleta. Eu segui à risca as indicações e o ritmo dos treinamentos e consegui perder todos os quilos excedentes.

Não importa se é lento ou rápido, o ritmo deve ser aquele que você conseguirá manter constantemente até que o trabalho ou projeto, ou o que quer que precise realizar, seja concluído. Conecte-se com Deus e pergunte a ele qual é o ritmo da sua vida. O criador nunca nos passa um ritmo que não estejamos capacitados a acompanhar. A vida é uma música linda. Alinhe-se com o ritmo certo, e verá que tudo na sua vida começará a entrar no compasso certo.

Exercício

Faça uma lista de coisas que tem para fazer, principalmente das que levarão um tempo maior para serem concluídas, como os livros que precisa ler, os relatórios que precisa escrever, a matéria das provas que precisa estudar. Depois acerte um ritmo. Pense em quantas vezes precisará pegar nessas coisas até terminá-las. Imagine neste exemplo das matérias que precisa estudar que você tem um prazo que se encerra no dia da prova. Faça um cálculo de quantas páginas consegue ler em 15 minutos. Digamos que sua capacidade de leitura seja de sete páginas em 15 minutos e você precisa ler um total de setenta páginas. Em dez dias lendo apenas 15 minutos diários você completa a sua leitura. Esse será o seu ritmo. Ao economizar tempo em outras coisas, você pode aumentar de 15 para trinta minutos, assim conseguirá estudar em cinco dias, sobrando uma margem para revisão. Quando você direcionar um ritmo é muito mais sábio estabelecer um andamento que consiga cumprir.

O ritmo que você tiver estabelecido deve ser cumprido, de acordo com o seu planejamento. Se não fizer isso o que acontecerá? Acabará tendo de estudar tudo na última hora. Então vem o estresse, o desespero, os pensamentos de autocondenação... E toda essa pressão que poderia ter sido evitada acaba tirando sua atenção e sua concentração, necessárias para reter o conhecimento.

26
Planejamento *versus* "fazejamento"

É incrível como a educação não está alinhada com as necessidades do estudante. Nunca nos foi ensinado na escola como se faz um planejamento. Em consequência, as empresas empregam pessoas que não têm nenhum conhecimento do que realmente é importante para o mundo corporativo. Assim, as empresas, que são feitas pelas pessoas que nela trabalham, se desenvolvem sem um método realmente eficaz de planejamento. Costumo dizer que, em vez de planejar, as pessoas saem fazendo, então elas praticam o "fazejamento".

Quando falamos em gestão e organização do tempo temos de falar sobre planejamento. Não há gestão do tempo eficaz sem planejamento. A maioria das pessoas não planeja, não tem sequer algum tipo de método de planejamento, seja na vida pessoal seja principalmente no trabalho. Elas vivem ao sabor das marés, sendo levadas pelas urgências e circunstâncias e se esquecendo de coisas importantes. Consequentemente, esse tipo de pessoa é o que mais reclama de não ter tempo. Há também aquele tipo de pessoa que tenta planejar tudo em detalhes, mas que reclama porque o que planeja não se realiza do jeito que queria, porque não consegue executar tudo o que se propôs a fazer e porque os outros estão sempre atrapalhando seu planejamento. Também conhecemos aqueles que planejam apenas um pouco e depois saem fazendo. Muitas empresas passam a maior parte do tempo no "fazejamento". Planejam uma parte de um projeto e depois saem fazendo e executando ações que não foram planejadas, e estão sempre tendo de refazer os trabalhos porque situações importantes não foram pensadas. Há ainda um tipo que sabe como se planejar: procura prever e antecipar problemas e se prepara para situações imprevistas que possam gerar problemas maiores. Esse tipo é o mais raro; ele aprendeu como planejar de maneira correta e eficaz e por isso tem maior controle de seu tempo. Tente se lembrar de uma situação em que você planejou e outra que você não se planejou. Compare. Entender nosso método de planejamento e a nossa relação com o conceito de planejar ajuda a perceber onde podemos estar errando.

O primeiro erro de planejamento é não planejar. O planejamento é vital para a condução e para o acompanhamento de qualquer projeto, meta ou trabalho. Planejar é a essência para qualquer vitória, para a concretização de nossos sonhos e para uma semana de trabalho focada em resultados. Planejar não é apenas muito importante, é crucial, e deve ser um hábito a ser incorporado em nossa rotina. A falta desse processo em qualquer área da vida é o fator decisivo entre a vitória e a derrota. Em seu livro *A arte da guerra*, Sun Tzu é categórico: "Que general vence uma guerra? Invariavelmente aquele que faz mais planos."[14] A história dos grandes líderes está repleta de fatos que comprovam essa verdade. Os melhores generais foram os melhores planejadores, e onde falharam em planejar perderam suas batalhas.

Henry Ford disse uma frase bem interessante: "Pensar é o trabalho mais difícil que existe, e essa é provavelmente a razão por que tão poucos se dedicam a ele."[15] Planejar está no domínio do pensar. Planejar não exige de nós esforço físico, e sim um esforço mental. É um exercício do raciocínio, um modo de utilizar a imaginação e a criatividade para antecipar eventuais problemas e estabelecer um plano para preveni-los, imaginar cenários, criar estratégias e analisar informações que possam diminuir erros e amenizar riscos. Pouco ou nenhum tempo é investido para pensar sobre como será feito um trabalho. As pessoas dizem que não têm tempo para planejar e por isso não se dedicam a isso, ou muitas vezes não têm a menor ideia do que é planejar e não o fazem. A falta de planejamento acarreta muitos erros que tomam muito mais tempo da pessoa. Muitas empresas fracassam por falta de um planejamento de qualidade, projetos fracassam ou trazem prejuízos por não terem nenhuma espécie de planejamento. Não planejar nada é um erro cuja causa está enraizada no imediatismo e na incapacidade de pensar ou na preguiça. Quem se julga com muito jogo de cintura e acha que na hora dá tudo certo, nem sempre obtém resultados satisfatórios.

O segundo erro do planejamento é tentar planejar tudo. Há pessoas que têm uma boa disciplina em se planejar, percebem que isso faz a diferença e habitualmente planejam. Mas quando querem planejar tudo detalhadamente, querendo controlar até o incontrolável, acabam ficando obcecadas. As consequências aparecem cedo: nunca conseguem executar tudo o que "planejam", falta espaço entre um compromisso e outro, acabam se sobrecarregando, e inevitavelmente se frustram. É muito comum ouvir comentários do tipo: "Eu sou extremamente desorganizado, mas aí vem um desorganizado e acaba com minha agenda, estraga o meu planejamento!" Elas reclamam constantemente dos outros, são muito críticas com relação aos seus erros e os de terceiros e na maioria das vezes estão de mau humor, afinal "nada pior do que não seguir o planejamento". A obsessão por planejar tudo e tentar prever tudo que possa acontecer nega uma das definições de planejamento de Peter Drucker: "O planejamento não é uma tentativa de predizer o que vai acontecer."[16] Nenhum ser humano conseguirá prever todas as variáveis possíveis e, se você quiser tentar, perceberá que matematicamente há tantas possibilidades que vai perder muito tempo pensando e acabará não agindo. Planejar requer investimento de tempo, mas não podemos esquecer que trata-se de uma ferramenta para pensar o que deve ser feito, por quem, como e quando. Quem fica planejando demais e não coloca os planos em ação não está planejando eficazmente. Imagine um general que planeja, planeja, planeja e planeja, mas que nunca coloca os planos em ação; certamente o general adversário saberá tirar proveito disso. O erro dessas pessoas é achar que o planejamento deve ser imutável, uma vez feito não pode ser alterado. No entanto, o planejamento é uma ferramenta do pensar, portanto deve-se revê-lo sempre, a cada passo. A rigidez no planejamento tira do foco sua finalidade: atingir o objetivo. Por isso, qualquer informação ou variável que antes não foi colocada em evidência deve ser analisada e um novo planejamento deve ser feito para corrigir os rumos; além disso, se novos desafios surgirem, haverá a necessidade de um plano mais adequado. Planejar de maneira rígida demais é outro erro oriundo de uma obsessão por controlar a tudo e a todos. Ficar apenas planejando sem pôr em prática as ações é um erro originário de um medo extremo em falhar, o que acaba levando inevitavelmente ao erro. Muitas vezes pessoas que agem dessa maneira acabam por desistir totalmente do ato de planejar. "Já que eu planejo e não dá certo, nunca mais vou planejar." O planejamento deve, portanto, ser flexível e na medida certa do tempo. Aqui se encaixa a metáfora da corda do violão: "Se esticada demais se parte, se frouxa demais não toca" (*O pequeno buda*, 1993).

O terceiro erro do planejamento é fazê-lo apenas um pouco, ou seja, menos do que o suficiente, e depois sair agindo. O resultado disso são muitos erros que acabam fazendo com que se perca ainda mais tempo em refazê-los. É o que mais se vê nas empresas. É um meio-termo disfarçado entre não planejar nada e planejar tudo. Aqui é onde encontramos o fazejamento. Há um planejamento prévio e feito em pouco tempo, sem qualidade e eficácia, depois se parte para a ação, mas se esquece de rever o planejamento a cada passo dado e só no final se compara o que foi planejado antes e o que foi feito de fato. Esse "método" de fazejamento vem carregado de desculpas, as principais são:

- Não tivemos tempo suficiente para planejar (mas tiveram tempo para refazer os erros).
- As urgências surgiram e tivemos de sair fazendo (Planejar não é "preparar-se para o inevitável e prevenir o indesejável", como definiu Peter Drucker?).[17]
- O mundo é dinâmico, temos de ter desenvoltura (E a desenvoltura em saber planejar melhor?).
- Nós planejamos, os outros é que não se planejaram (A culpa sempre é dos outros).
- Nosso planejamento está atrelado ao planejamento da empresa (Então por que não deu certo?).

A última desculpa é muito interessante. Conversei com o diretor de planejamento de determinada firma e ele me disse que era um cara organizado, que seu departamento era de planejamento e que sua área era vital para a empresa, mas no fim da conversa ele me confessou que não planejavam quase nada de maneira eficaz, ficando quase 80% do tempo no "fazejamento".

O planejamento começa com uma meta boa e bem específica; planejar só se torna eficaz depois que se entende muito bem o objetivo traçado. Planejar é adequar os recursos, controlar as ações necessárias, estabelecer prazos e responsáveis, buscar informações, organizar etapas, coordenar pessoas. Planejar é fazer uma lista de coisas que deverão ser realizadas para se atingir o objetivo. Planejar é pensar. É antecipar, elaborar estratégias de acordo com as informações disponíveis para se prevenir erros e urgências. Quando não se tem as informações, elaborar estratégias para amenizar os riscos. Há várias definições, mas, na prática, planejar se resumirá em fazer as perguntas certas e pertinentes com vista à concretização da meta ou do trabalho a ser feito.

- Que recursos temos e de quais precisaremos?
- Que ações precisaremos tomar?
- Quem as fará?
- Quando serão feitas para que o prazo seja cumprido?
- Qual é o resultado que queremos alcançar e como vamos fazer para chegar a ele?
- Que estratégias para prevenção de erros tomaremos?
- Quais as informações disponíveis?
- Há algo de que precisamos saber?
- Compreendemos bem o que queremos?

Planejar, se quisermos resumir ainda mais, poderia ser o "jogo" de responder a duas perguntas básicas: Como? E se? Essas perguntas podem e devem ser feitas para cada meta traçada, para cada trabalho a ser realizado e para cada situação que se apresenta. Assim, fazendo esse jogo de perguntas e respostas, vamos antecipando, criando estratégias, planos alternativos; começamos a ficar mais confiantes e temos a visão mais clara. Contudo, devemos transformar as respostas em ações práticas. Criar tarefas que sejam alocadas em nosso planejamento semanal. Assim, sempre alcançaremos os resultados. Percebemos então que planejar serve a qualquer pessoa e em qualquer situação. Por isso devemos planejar as atividades que faremos no âmbito pessoal e as ações e tarefas que precisamos cumprir na área profissional. Enfim, devemos criar o hábito saudável de planejar porque ele ajuda a organizar nossas demandas e evitar surpresas. Um planejamento eficaz leva em consideração que sempre vai haver algo que será improvável de ser previsto, por isso deve-se estar preparado para isso. Deve-se deixar espaço na agenda para o que não pode ser previsto. Deve-se dar tempo para que as ações sejam feitas, elas devem ser mensuradas, medidas. É sempre seguro dar também um prazo maior para se realizar algum projeto, assim estamos considerando que algum imprevisto surja. Se você acredita que consegue entregar determinado trabalho em trinta dias, melhor planejar 45 dias, assim está prevenido. Melhor entregar antes do que depois, não é verdade?

Falamos daqueles tipos de pessoas que não se planejam, que tentam planejar tudo rigidamente, que vivem no "fazejamento". Mas há aquele tipo de pessoa que não apenas sabe como se planejar, mas que executa bem o que foi planejado. Essa pessoa só se tornou um planejador eficaz porque aprendeu com seus erros. Muitas passaram pelos três erros de planejamento: houve fases em que não se planejavam, depois tentaram planejar tudo e depois viveram o fazejamento. Só se transforma nesse tipo aquele que jamais desiste de planejar e de melhorar o seu nível de planejamento. Como tudo na vida, quanto mais fazemos, melhor faremos. A cada erro de planejamento ele se perguntou: *Onde meu planejamento falhou? Como posso planejar melhor da próxima vez?* Essas perguntas o levaram a compreender tudo o que falamos até aqui sobre planejamento. O bom planejador sabe bem que o planejamento é o ato de pensar e de investir tempo em fazer as perguntas certas e pertinentes para se alcançar o objetivo proposto; sabe que um bom planejamento não é rígido ao extremo e sabe que não se deve ficar apenas planejando sem agir, que a cada passo deve rever o plano.

Na prática ele se tornou um bom planejador porque seguiu os seguintes passos:

1. Investiu tempo para escrever sua missão e seus papéis;
2. Investiu tempo para sonhar e traçar suas metas;
3. Definiu claramente suas metas;
4. Escreveu suas metas seguindo algum modelo como, por exemplo, o SMART;
5. Só passou ao planejamento depois que compreendeu bem o que queria;

6. Reservou um tempo em sua agenda para planejar, para escrever os planos para cada meta;
7. Ele se fez as perguntas que vimos neste capítulo e procurou respondê-las em uma folha de papel ou agenda;
8. Investiu tempo para aprender com seus erros e escreveu seus principais aprendizados.

Depois desses itens essenciais, ele adotou alguns hábitos saudáveis de planejamento:

1. Tem por hábito marcar pelo menos um dia na semana com uma tarefa de planejamento na qual vai ficar por no mínimo trinta minutos planejando ou revendo o seu planejamento;
2. Escolhe quais metas vai trabalhar de acordo com a prioridade e o prazo de cada uma delas;
3. Redige uma lista de coisas a fazer com todas as tarefas necessárias, uma livre associação de ideias pertinentes às metas;
4. Revê se a lista contém todas as ações que deverá cumprir para que atinja as metas;
5. Revê se a lista contém suas tarefas pendentes e as que precisará fazer durante a semana;
6. Tem uma agenda onde coloca todas as suas atividades;
7. Classifica cada atividade agendada de acordo com as esferas da tríade: importantes, urgentes ou circunstanciais.

O planejador eficaz ainda se preocupa com detalhes como:

1. Planejar a semana. Ou seja, planeja o que vai fazer de segunda a domingo e não deixa de colocar na agenda as tarefas e os compromissos da lista;
2. Dividir tarefas de compromissos e mensurar a duração de cada coisa, perguntando quanto cada tarefa vai demorar para ser cumprida;
3. Preencher a agenda da semana, mas deixar sempre espaço de tempo entre um compromisso e outro;
4. Reservar tempo livre para imprevistos, eventuais urgências e circunstâncias, não lotando a agenda;

5. Deixar um horário livre, não planejar por dia mais do que 70% do seu tempo;
6. Incluir um tempo para si mesmo e para os papéis importantes na vida, bem como reservar um tempo para cuidar da mente, do corpo, do espírito e das emoções; tais conceitos devem ser transformados em ações práticas e agendadas com data e duração;
7. Reservar um tempo para a organização de seus papéis e suas informações e também para planejar a próxima semana.

O excelente planejador sabe que seu planejamento está atrelado ao planejamento de outras pessoas, seja no trabalho, seja em casa. Por isso, mesmo sabendo que não se pode controlar o incontrolável, ele se previne e se antecipa seguindo as seguintes estratégias práticas:

1. Planejar com a equipe e estimular em cada membro a eficácia do planejamento;
2. Planejar com a família o lazer, o estudo, as viagens, as conversas importantes, o orçamento financeiro e as metas familiares;
3. Quando delegar alguma tarefa, dar tempo para a pessoa fazer e criar tarefas de checagem, a fim de verificar se tais obrigações foram feitas no prazo estipulado, o que evita esquecimentos;
4. Entender as urgências, suas causas e seus motivos, e criar estratégias de prevenção;
5. Ensinar o conceito da Matriz do Tempo da Triad, as esferas do importante, urgente e circunstancial; isso ajuda as pessoas a organizarem melhor o próprio tempo e a respeitarem-no;
6. Negociar sempre os prazos das tarefas que lhe foram delegadas caso veja que não conseguirá fazê-las a tempo;
7. Antecipar tudo o que puder ser antecipado.

Quando incorporados em nosso dia a dia, esses aspectos do planejamento melhoram nosso nível de eficácia em planejar. Com o tempo e com a criteriosa e disciplinada atenção a esses passos, estratégias e dicas valiosas, invariavelmente você se tornará um planejador mais eficaz.

Falamos que na história da humanidade os grandes generais venceram porque planejaram mais. Entretanto, também temos de reconhecer que muitas vezes planeja mais quem melhor planeja. Houve situações em que a vitória coube ao que planejou melhor e não em mais tempo, não com mais planos, mas com essa consciência de fazer um planejamento mais criterioso. Essa verdade não anula a primeira, porque tudo depende da qualidade e da capacidade do planejador em planejar com menor tempo e com mais qualidade. A capacidade de planejar melhor, rever o planejamento, alterá-lo de acordo com novos desafios e em menor tempo que o oponente é a garantia da vitória. As empresas hoje necessitam de profissionais que saibam planejar a si e as suas equipes, e que ainda tenham vida saudável fora do trabalho. Isso só se consegue melhorando o nível de planejamento. Não é a quantidade de planos que garantirá que se atinja as metas, afinal muitas vezes faz-se muitos planos que são ruins. Quem aprende a planejar e melhora seu método de planejar faz a mesma quantidade de planos, porém eles são mais eficazes. A prática leva à perfeição, e o general que vence uma guerra será aquele que planejar melhor, com mais detalhes e em menos tempo. De nada adianta um general que faz dez planos ruins enfrentar um general que faz um único plano excelente, mas temos de reconhecer que esse plano excelente é resultado de anos de prática. Podemos ter a ousadia de complementar o que Sun Tzu disse: "Que general ganha uma guerra? Invariavelmente aquele que faz planos melhores que o seu oponente."

27
A lista que guia nossas tarefas e nos ajuda a manter o foco

No capítulo anterior falamos sobre fazer uma "lista de coisas". Pessoas organizadas fazem uma lista com suas ideias, com suas pendências, com as tarefas que serão necessárias para realizar uma meta e com tarefas do dia a dia. Fazer essa lista é essencial para um bom planejamento. Todavia, ela não serve apenas como um guia do que temos de fazer. Essa lista desempenha uma função ainda melhor: silenciar a nossa mente. Nosso cérebro funciona como uma excelente ferramenta de gestão e de resolução de problemas. A dificuldade é que, na maioria das vezes, não sabemos como nosso cérebro trabalha ou não sabemos como ajudá-lo a contribuir conosco. Nossas preocupações cotidianas, as tarefas a serem feitas e as pequenas coisas que temos de nos lembrar ficam em algum lugar da nossa mente. Por mais privilegiada que seja nossa memória, não conseguiremos nos lembrar de tudo. A memória muitas vezes nos prega peças. Essas coisas que nós nos esquecemos de fazer ao longo do dia ficam nos incomodando (às vezes coisas importantes e outras que, por terem sido esquecidas, se tornaram urgentes). É muito comum durante o sono vir aquela preocupação com alguma coisa. Acontece então um diálogo interno, uma voz que nos deixa preocupados: é o cérebro tentando nos ajudar. Contudo, podemos ajudá-lo também. A melhor maneira de silenciar essas "vozes" do cérebro, que na verdade são os lembretes de que temos de fazer algo, é escrevendo essas pequenas ou grandes demandas em algum lugar. Quando escrevemos estamos ajudando nossa memória e materializando em algum lugar uma tarefa, um compromisso ou uma ideia. De certa maneira, o cérebro, a memória e essa voz pensam assim: "Ufa, ele lembrou, já o avisei e ele escreveu, já posso pensar em outra coisa." Quem já anotou em um papel uma preocupação é testemunha de que a mente silencia.

Aqueles que têm por hábito fazerem suas listas, não deixam de fazê-las, porque sabem que dá resultado. É usar o cérebro a nosso favor. É evitar uma possível urgência por ter se esquecido de algo importante. Conheci muitas pessoas que me disseram que só conseguem dormir à noite depois de fazerem a "lista de coisas" para o dia seguinte. Pode parecer um detalhe, mas essa lista é muito mais importante do que se imagina. Estudos já comprovaram que a falta de foco e a perda da atenção e concentração têm impacto na produtividade. Você já tentou medir quanto tempo leva para retomar o raciocínio depois que perde a concentração? Imagine que você está digitando um texto importante e alguém o interrompe. Não fica mais difícil voltar ao que se estava fazendo? Claro, porque a mente, quando perde a atenção, precisa de um tempo a mais para retomar o raciocínio. A "lista" não apenas silencia a mente tirando de dentro dela as suas preocupações, mas é fundamental para manter a concentração. Porque grande parte das interrupções que nós sofremos não vêm apenas dos outros, vêm das nossas "vozes" interiores, ou seja, dessas preocupações e lembranças repentinas.

Agora, existe uma questão importante a ser considerada. Fazer a lista e deixá-la esquecida em algum lugar não trará resultado nenhum, aliás, só vai atrapalhar, porque você vai ficar tentando se lembrar onde pôs a lista e ficará mais preocupado ainda, já que pode deixar de fazer algo que era vital para aquele dia. A lista é uma parte do processo do seu planejamento. Você deve escrever tudo em um mesmo local; se colocar em um papelzinho solto, com certeza vai se esquecer de onde o colocou ou pode perdê-lo. Por tais razões é crucial que você tenha uma agenda, faça uso de alguma ferramenta de planejamento e crie o hábito de assim que fizer sua lista já escrever as tarefas e os compromissos nessa agenda. Algumas pessoas fazem um e-mail com essa lista e encaminham para elas mesmas, depois criam tarefas ou compromissos para cada item da lista dentro do seu calendário. Além de ser prática, essa é uma dica valiosa, porque quanto mais você centralizar suas tarefas, informações e pendências na mesma ferramenta, menores as chances de você se esquecer de algo importante.

A lista é simples de ser feita. Basta uma folha de papel, ou, se você preferir escrever no seu computador, pode abrir um arquivo no seu editor de texto ou em qualquer programa de notas e salvar como "lista de coisas a serem feitas". Na metodologia da Triad chamamos de "lista do descarrego", pois descarregamos todas as preocupações, pendências e ideias. O título pode ser o que você achar mais conveniente; o importante é começar a escrever tudo o que vier à mente, como se fosse uma tempestade cerebral. Depois, se quiser, pode rever a lista e segmentá-la ou dividi-la pelas áreas da vida: pessoal, profissional, familiar etc. E também pode, depois da tempestade de ideias, classificar cada item como importante, urgente ou circunstancial; pode colocar a data que pretende realizá-los e pode também colocar a duração estimada de cada atividade. Mas não precisa complicar muito, a lista serve para guiar e mostrar o que tem de ser feito, serve para silenciar as vozes e preocupações e para ajudá-lo a evitar interrupções vindas da própria mente. Os detalhes mais específicos você pode deixar para a hora em que for planejar sua semana e então colocar cada coisa em seu dia e horário certos. Se você criar o hábito de a cada semana planejar uma tarefa para você dentro da lista, perceberá que, com o tempo, não terá tanta necessidade de fazer essa lista todos os dias, porque as coisas vão sendo otimizadas e agendadas como um processo automático no decorrer do seu planejamento semanal. Gosto particularmente de fazer minha lista baseada nos meus papéis. Ou seja, para cada um dos meus papéis eu coloco coisas a serem feitas. Por exemplo: papel de escritor — leitura dos livros; papel de estudante — estudar os textos da faculdade; papel de atleta – remarcar nutricionista etc. É uma sugestão que me ajuda a pensar em tarefas específicas para cada um deles.

Uma das participantes de um treinamento, ao chegar em casa, pegou uma folha de papel e começou a fazer sua lista. Ela a estava dividindo em papéis, quando de repente seu filho perguntou o que ela estava fazendo. Depois de explicar para ele, o garoto perguntou-lhe se podia fazer uma lista também. "Claro", ela respondeu. Passados alguns minutos ela ficou curiosa e perguntou se seu filho a deixaria ver a lista dele. "Claro", ele disse. Ela viu que seu filho havia colocado em sua lista que queria andar de metrô, porque só andava de carro e queria saber como era. Imediatamente ela colocou na lista dela, no papel de mãe, o compromisso "levar meu filho para andar de metrô". No mesmo dia eles planejaram e marcaram nas suas agendas. Ela me disse que não imaginava como, em uma simples ação de fazer uma lista em conjunto com o filho, podia fazer alguém que ela amava mais feliz. Fiquei muito contente com o *feedback* dela. Isso prova que quando aplicamos essas simples dicas, os resultados aparecem e trazem alegria e satisfação. Vale a pena experimentar!

28
Deixe os velhos hábitos e crie sua rotina para evoluir

De uma maneira ou de outra todos nós acabamos seguindo uma rotina. Há pessoas que odeiam a rotina e procuram fazer tudo diferente, variar, conhecer coisas e pessoas novas, porém, por mais que sejam criativas, não conseguirão escapar de uma ou duas coisas que têm de fazer rotineiramente. A rotina é saudável na medida certa. O ser humano aprende com a repetição e a rotina tende a trazer esse aprendizado. A questão é saber quando mudar a rotina; diversificar ajuda a rever certos hábitos que já não estão trazendo resultados positivos. Quando se torna algo obsessivo ou quando já não traz mais satisfação e evolução, a rotina deve ser quebrada. Do contrário, corremos o risco de perder a qualidade das nossas ações; tendemos a deixar detalhes de lado quando certas funções se tornam rotineiras.

Porém, é uma ilusão achar que alguém possa viver sem uma rotina. Até o fato de mudar constantemente de rotina é um tipo de rotina. O que precisamos é tornar essas ações alinhadas com nossas metas de crescimento para todas as áreas da vida. Precisamos esvaziar nossa mente em algumas situações. Precisamos olhar com olhos novos velhas rotinas.

A criatividade é essencial para lidar com a rotina quando ela se torna robótica e escravizante. Somos seres dotados do poder de criar, inovar e imaginar, porém muitas vezes deixamos as coisas como estão porque temos medo do novo, das mudanças e do trabalho que as mudanças podem ocasionar. Se não ousarmos fazer coisas diferentes estaremos sempre ensinando nosso cérebro a temer as mudanças, a não se adaptar facilmente quando os desafios surgirem e, inevitavelmente, a reclamar sempre quando alguém vier com uma boa ideia. O risco de não mudarmos é o risco de começarmos a pensar sempre dentro do quadrado. Quando não usamos a nossa criatividade estamos aniquilando dentro de nós um poder essencial na resolução de problemas. Quanto menos usamos nossa criatividade para melhorar a maneira como fazemos as coisas, mais presos aos velhos padrões ficamos, e corremos o risco de viver uma vida inteira sem ter utilizado nosso pleno potencial de aproveitar nosso tempo para evoluir em vez de apenas agir. Pense um pouco na sua rotina. Há algo que você possa fazer de diferente a fim de conseguir um resultado melhor?

Nossos métodos de trabalho fazem parte de nossa rotina, aliás, tudo o que fazemos constantemente se torna uma rotina. Ela não é de todo ruim, mas há uma diferença entre rotina e rotina para a evolução. Devemos, para melhorar a organização do nosso tempo, criar uma rotina para a evolução, que nada mais é do que uma rotina focada e direcionada para a aplicação de técnicas e métodos que vão ajudá-lo a alcançar seus sonhos e objetivos. Uma rotina para a evolução leva em consideração tudo o que estamos falando e ainda vamos abordar até o fim do livro e muito mais, porque todo o conhecimento adquirido em treinamentos, livros e experiências deve ser aplicado na sua rotina. Procure encaixar em sua rotina atual tudo aquilo que acredita estar alinhado com sua missão e suas metas. Com o tempo e com a aplicação constante e consciente de técnicas e de métodos mais eficazes, você vai substituindo uma velha rotina por uma rotina mais evolutiva. Evoluir é diferente de apenas agir. Evoluir é conquistar melhores resultados, mais tempo e mais satisfação. Analise o que vem sendo feito e elimine hábitos rotineiros que não trazem crescimento pessoal, profissional, espiritual e mental, substituindo-os por uma nova rotina, com coisas que passo a passo vão trazer para sua vida o verdadeiro crescimento. Crie uma tarefa ou atividade que ensine a seu cérebro que ele precisa ser criativo e aberto às mudanças positivas.

29
Anote tudo em sua agenda

Minha mãe é meu exemplo de utilização de agenda. Ela sempre foi muito organizada. E continua sendo. Quando criança, eu nunca usei agenda. Apesar de minha mãe comprar as melhores e mais bonitas agendas do mercado, eu não tinha o hábito saudável de anotar minhas tarefas. Então, eu deixava meus trabalhos da escola sempre para última hora, esquecia coisas importantes e não conseguia me planejar direito. Quanta dor de cabeça dei para minha mãe! Contudo, eu sou a prova de que hábitos podem ser mudados, levando à evolução. Hoje não vivo sem minha agenda e, seguindo o exemplo da minha mãe, tenho tudo centralizado ali. O uso de uma agenda é mais do que essencial: é a condição sem a qual não se consegue gerenciar o tempo. Um método de administração pessoal não é eficaz sem o uso de uma agenda, por causa de todos os exemplos já citados. A mente não consegue se lembrar de tudo e, sem a visualização de tarefas e compromissos, a pessoa fica em um barco à deriva, sem estrelas e sem ventos que a levem a uma direção. Você pode escolher qualquer tipo de agenda, seja de papel, seja um programa de computador ou um aplicativo móvel, o importante é conseguir visualizar tarefas e compromissos que você tem para o dia. A lista de coisas a fazer deve ser absorvida e inserida na sua agenda, caso contrário será mais uma preocupação. Quando você criar o hábito de planejar a semana usando sua lista, cada vez mais vai perceber a quantidade de tarefas que consegue realizar porque está mais focado e direcionado.

A metodologia da Triad sugere que haja uma divisão de nossas ações entre tarefas, compromissos e informações. É uma questão de definição. Uma tarefa é uma ação que deve ser realizada durante o dia, mas a qualquer horário. Um compromisso é uma ação que tem um horário para começar e um horário para terminar. E as informações são aquelas famosas coisinhas que um dia alguém vai lhe pedir ou que você vai precisar recuperar, tais como um e-mail com informações importantes, o número de telefone de algum cliente, artigos de revistas, atas de reuniões etc. Um dos maiores ladrões de tempo é a desorganização no armazenamento das informações. Minha mãe me contou que certa vez salvou seu emprego porque guardava tudo o que julgava importante e apresentou todas as informações quando a acusaram injustamente; ela recuperou não só o arquivo como provou sua responsabilidade e inocência. Fazer essa divisão e adotar essas definições vão ajudá-lo a visualizar melhor o que deve ser feito a cada dia da semana, além de ajudar na priorização diária e na negociação de novos prazos com seu chefe. Sem contar que manter tarefas, compromissos e informações armazenadas de maneira organizada pode salvar mais do que o seu emprego, salva a sua produtividade e a sua gestão de tempo.

Independentemente do modelo, seja de papel ou um software como Neotriad ou o Outlook, procure sempre criar tarefas e compromissos e alimentar sua agenda com as tarefas da sua lista. Conforme realiza uma tarefa, marque-a como concluída. Isso faz com que nossa produtividade e energia aumentem, porque vamos percebendo que estamos realizando o que planejamos.

30
Focar e desfocar: mantenha a imagem nítida

Quando você tira uma fotografia e foca em alguma figura específica, a paisagem em segundo plano fica desfocada. Com isso em mente, faça uma experiência simples. Estique um dos braços com o punho fechado, e então levante apenas o dedão. Quando você olha para o dedão, a imagem do fundo fica desfocada; agora olhe para o fundo e você perceberá que o dedão se dividirá em dois e ficará desfocado. Quando voltar a olhar apenas para o dedão ele volta a ficar nítido, mais claro. Esse é um exemplo de foco que está ao alcance de sua mão.

É um erro que chega até a ser engraçado quando as pessoas comentam que estão focadas em cinco coisas ao mesmo tempo. Tente então focar o dedão e o fundo simultaneamente. Conseguiu? Se conseguiu, você não é desse mundo. Agora, quem é deste mundo, um ser humano normal, não conseguirá. Da mesma maneira, não conseguimos estar focados em cinco coisas ao mesmo tempo. Você pode até conseguir fazer duas coisas ao mesmo tempo, mas será que estão sendo bem-feitas? Mesmo que você esteja, por exemplo, lendo e escutando música ao mesmo tempo, tal como o exercício do dedão, sua consciência vai sempre se dividir em dois planos diferentes. Quando a leitura estiver em foco, certamente você não prestará tanta atenção à música, mas, se focar sua mente na música, pode ter certeza de que perderá o significado da leitura e terá de voltar parágrafos. Conclusão: podemos fazer duas, três coisas ao mesmo tempo, mas sempre uma delas estará em primeiro plano e as outras desfocadas. Esse conceito é primordial para a realização do nosso trabalho diário. A ironia é que, por mais óbvio que seja, o conceito do foco é um dos mais esquecidos e mal compreendidos nas corporações, nas equipes e em nossas tarefas diárias. Insistimos em querer fazer várias coisas ao mesmo tempo e o resultado disso é uma constante perda de foco e de produtividade. O cérebro não consegue focar em duas ou mais coisas; ele até consegue entender planos diferentes, mas alterna sempre à medida que focalizamos o plano. Devemos realizar uma atividade por vez. Isso serve também para o mundo do trabalho.

O foco também nos ajuda na nossa energia produtiva. Quem nunca brincou de pegar uma lupa e queimar uma folha de papel com a luz do sol? A lupa concentra os raios do sol em um mesmo feixe, que fica focado no centro, o que o deixa mais intenso e mais poderoso, capaz de produzir o fogo. Nossa energia produtiva é similar, quando concentramos todos os nossos pensamentos e sentidos em determinado trabalho. Seguindo o mesmo conceito da lupa, nosso cérebro é capaz de produzir um raio mais focado de energia produtiva. Sabe quando você está tão concentrado em alguma coisa de que gosta muito que nem percebe o que acontece ao redor? Isso é o poder do foco. Foco e concentração caminham lado a lado. Foco, no sentido figurado, é a ação de se concentrar. Creio que a figura que criamos com a lupa reúna estes dois conceitos: concentração e foco. Os raios de luz se concentram em um mesmo lugar, e geram um feixe focado em uma mesma direção. Na realização de uma tarefa, quanto mais concentrados e focados estivermos, maior será a qualidade de execução dessa tarefa. Isso deve ser divulgado e compreendido no ambiente profissional.

Os ambientes que desfavorecem a produtividade são aqueles em que falta o foco e a compreensão de que foco é fazer uma coisa de cada vez. Em que há a dispersão de energia com muitas coisas ao mesmo tempo. Em que há a falta de uma política que prime pelo respeito ao tempo que cada funcionário deve permanecer concentrado e sem ser interrompido. Tudo isso contribui para a má administração do tempo, a perda de foco e da concentração e, consequentemente, da energia produtiva.

Em um treinamento para um grande banco do governo, quando falei sobre a perda de produtividade e de tempo ocasionados pela falta de foco e sobre a compreensão de que estar focado é estar centrado em uma única coisa por vez, como o raio da lupa, uma participante me disse: "Acho que você não está entendendo. Aqui as coisas funcionam assim. Vem lá de cima uma ordem dizendo que a gente tem de fazer cinco coisas ao mesmo tempo e se não conseguirmos fazer isso somos vistos como incompetentes." Não pude deixar de comentar: "Quem está lhe passando cinco coisas ao mesmo tempo e exigindo que você as faça ao mesmo tempo não sabe o que faz. Na verdade, está sendo um líder incompetente por não saber ajudá-la na priorização! Não entende nada de gerenciamento e de foco. Digo e repito, quem está focado em cinco coisas ao mesmo tempo não está focado em nada." Nesse momento, outro participante interveio e disse para a moça: "Eu penso da mesma maneira, e, lhe digo, se você conseguir fazer cinco coisas ao mesmo tempo nos ensine. Você consegue visitar ao mesmo tempo cinco clientes? Claro que não! Então, caberá a quem saber qual dos cinco é o mais importante?"

A responsabilidade sobre os resultados sempre será nossa. Cabe a nós fazermos os outros compreenderem que se tivermos o senso de foco e de prioridade podemos fazer muito mais do que cinco coisas bem-feitas, contanto que não queiramos fazê-las ao mesmo tempo.

Encontre os melhores horários do seu dia para focar em atividades que requeiram concentração. Horários em que ninguém vai incomodar. Caso consiga, afaste-se e escolha um lugar que propicie a atenção, longe de barulhos e interrupções. Evite cair no erro de querer fazer tudo ao mesmo tempo. O cérebro é poderoso, uma ferramenta sem igual, porém, quando lutamos contra ele, quem perde somos nós. Foco e concentração são fundamentais para a qualidade de nossa execução. Ouvir uma música enquanto trabalha ajuda, claro, mas lembre-se sempre de que isso não é estar focado em duas coisas, e sim ter dois planos distintos. Experimente ouvir duas ou três músicas ao mesmo tempo. Experimente criar dois textos diferentes ao mesmo tempo. Caso consiga, deve ensinar para toda a humanidade. Enquanto temos esse cérebro fantástico devemos aproveitar seu pleno potencial de concentração focando em uma coisa por vez. Podemos andar e ouvir música e ainda pensar na vida, mas isso é estar desfocado; quando precisamos de atenção, desfocar não adianta.

31
Meça o tempo das suas atividades

Mensurar tem o significado de medir, calcular, detalhar algum processo, dimensionar um espaço ou uma ação, definir com detalhes. A falta de mensuração do tempo é a maior causa de todos os nossos problemas com relação à organização, à priorização e ao planejamento. Trata-se de um princípio máximo da administração e por isso não me canso de citar Peter Drucker: "Se eu não posso mensurar (medir), eu não consigo gerenciar (administrar)."[18] Talvez por ser um conceito óbvio demais, as pessoas não lhe deem o devido valor, porque muitas vezes se esquecem da importância do óbvio.

No capítulo sobre planejamento falamos dos três erros do planejamento. Falamos também de um planejamento eficaz. A grande diferença entre um bom planejador e um planejador que comete erros está na prática de mensurar as atividades, estipulando a duração estimada. No capítulo 29, explicamos que o importante é visualizar nossas atividades entre tarefas e compromissos e acrescentar a duração estimada de cada uma delas. A esmagadora maioria das pessoas não mensura o seu dia de trabalho, e a quantidade de tempo de suas ações, por isso reclamam que planejam, mas que não conseguem realizar tudo o que se propuseram a fazer. É um ponto cego da maioria das pessoas, porém, quando conseguem perceber que o cerne de um bom planejamento está na mensuração do tempo, começam a ter um maior controle de sua capacidade de execução, negociação de prazos e priorização das ações, e consequentemente vão se tornando planejadores mais eficientes. O que temos de tornar claro é que tudo o que fazemos é medido pelo tempo, cada pequena ação. A questão é que não ficamos com um cronômetro para medir quanto tempo gastamos tomando banho, escovando os dentes, escolhendo nossa roupa. Mas algumas coisas importantes devem ser medidas. Também não precisamos chegar a um nível de detalhamento que beire a obsessão, a menos, é claro, que isso possa impactar no seu planejamento. Por exemplo, certa vez um participante calculou quanto tempo em média sua esposa demorava para se arrumar para eventos importantes: cerca de três horas, entre escolher a roupa, tomar banho, fazer a maquiagem etc. Saber disso o ajudou, porque ele se planeja levando em consideração esse tempo.

Reveja sua agenda de trabalho agora mesmo. Note se ao lado das suas tarefas você colocou a duração delas. Digamos que você escreveu tarefas simples, como enviar um e-mail, um relatório ou fazer uma pesquisa de preços com a concorrência. Para cada uma dessas atividades você estimou o tempo? Nessa caminhada como consultor em gestão de tempo e de produtividade, todas as pessoas que conheci que mensuram suas atividades são bons gerentes do seu tempo e do tempo dos outros. É uma questão de atitude e de mudança de hábito.

Em um treinamento numa grande construtora conheci um diretor que me contou um caso muito interessante quando abordei essa questão de mensurar o tempo das atividades. Ele me disse que delegava tarefas e que seus liderados não as realizavam. Estava sempre tendo de cobrá-los e lembrá-los de fazê-las. Estava perdendo um tempo enorme. No começo ele reclamou muito, até que mudou sua estratégia. Quando delegava uma tarefa, colocava ao lado dela o tempo que a pessoa deveria levar para concluí-la. "Misteriosamente", depois que passou a mensurá-las, começou a recebê-las dentro do prazo. Por que isso aconteceu? Por vários motivos. Isso demonstrou aos liderados que ele sabia o que estava pedindo e quanto tempo eles demorariam para cumprir aquilo; isso mostrou um bom planejamento do tempo. Também podemos dizer que o fato de estimar o tempo ajudou os liderados a se planejarem, a saberem o que poderiam ou não fazer naquele dia. Além disso, muitos que achavam as tarefas complicadas perceberam que não eram assim tão difíceis, tendo em vista que algumas demorariam poucos minutos.

A maioria das pessoas quando escreve suas tarefas na agenda não mensura o tempo. Se você agendou 15 tarefas na segunda-feira, mas não sabe que cada uma delas vai levar no mínimo uma hora e meia, o que inevitavelmente vai acontecer? Você não conseguirá cumprir nem a metade, levando em consideração que trabalha em média de oito a dez horas por dia. Sem contar que se houver uma urgência ou muitas interrupções ao longo do dia, certamente muito do que você "planejou" fazer nesse dia terá de ser adiado para o dia seguinte. Então seu planejamento semanal vira uma bola de neve, com tarefas sendo empurradas para o próximo dia. Nem sempre seu chefe ou as outras pessoas vão calcular o tempo que uma tarefa vai consumir. Mas você pode fazê-lo, é uma questão de atitude pessoal. Só assim poderá negociar um prazo e saber o que é prioridade. Só assim conseguirá mensurar seu dia de trabalho e saber qual é a sua capacidade de execução. Um amigo reclamou que estava sempre faltando dinheiro no fim do mês. Apesar de não ser consultor na área de finanças, aconselhei-o a escrever todos os seus gastos em uma caderneta. Insisti que ele teria de ser disciplinado e anotar tudo. No fim do mês ele colocou em uma planilha e descobriu o porquê de estar sempre no vermelho. A "culpada" era uma lanchonete em frente ao seu trabalho. Com uma caderneta ele descobriu dois problemas: entendeu por que estava muito acima do peso e por que estava faltando dinheiro. Por pura gula estava comendo muito mais do que precisava. Isso também acontece com o nosso tempo; gastamos tempo com coisas que nem percebemos. Todavia, quando esse tempo é medido, conseguimos administrá-lo melhor. Antes que o leitor possa achar difícil e "metódico" ficar medindo cada coisa, quero alertá-lo sobre o principal benefício: tornar-se senhor do seu tempo. Os bons planejadores não deixam de fazer isso; os que não se planejam torcem o nariz; e os que "fazejam" fazem de vez em quando. Com prática e disciplina ficará cada vez mais fácil estimar o tempo. Devo confessar que para muitos esse é um dos pontos mais difíceis, porque nunca tiveram esse hábito, por isso comece aos poucos.

Comece mensurando as atividades que tiver mais controle, como, por exemplo, suas leituras e atividades físicas ou qualquer coisa que seja mais fácil de mensurar. Quando se sentir mais familiarizado com esse hábito, comece a medir o tempo de suas atividades no trabalho. Quando você não tem a menor noção do quanto uma tarefa vai durar, coloque um tempo estimado, pense um pouco, coloque o que acredita que vá levar. Depois que terminar a tarefa, coloque o tempo real, o quanto efetivamente você demorou para fazer. Colocando as duas medidas, a estimada e a real, lado a lado, com a prática você vai conseguir ter uma noção maior de quanto tempo precisa para cada caso. Tarefas recorrentes logo serão calibradas e estimadas com maior certeza. Se persistir, e nesse caso persistência é a chave, logo estará calculando automaticamente, como se você tivesse dentro de sua mente uma espécie de calculadora. É uma questão de treinar o cérebro para criar um "senso de medida", mais ou menos parecido com aquela situação em que você não manobra o carro porque sabe que não vai caber.

Se nessa fase inicial, de começar a mensurar suas atividades, você colocar, por exemplo, a tarefa "escrever o relatório Y" e colocar o tempo estimado em duas horas, mas quando começar a fazê-lo surgir alguma interrupção que o afaste por uma hora da tarefa, considere apenas o tempo em que você executou a tarefa. Ou seja, você começou a escrever o relatório, e depois de uma hora e meia alguém o chama. Você se ausenta por uma hora; quando retorna, recomeça a escrever o relatório, escreve mais 45 minutos e o termina. Você deve considerar que estimou duas horas, mas que levou duas horas e 15 minutos. Não considere o tempo da interrupção, considere o tempo de execução da tarefa. O mesmo se aplica nos casos em que não haja interrupção. Se você estimou um tempo de trinta minutos para uma tarefa e, ao terminá-la, percebe que levou apenas vinte minutos, da próxima vez seu senso de medida vai estar mais calibrado. E assim suas tarefas mais importantes aos poucos começarão a ser mensuradas. Quando fizer sua lista de tarefas, você pode fazer o exercício de estimar a duração de cada uma delas.

32
Priorize seu dia e renegocie prazos

Uma das qualidades que mais admiro nas grandes personalidades da história é a capacidade que tinham de saber escolher o que tinha de ser feito em primeiro lugar. Grandes líderes, empresários, empreendedores e todos aqueles que ocuparam posições de destaque no comando de homens, empresas e nações, tinham essa qualidade impressionante. Impressionante porque demonstra uma capacidade de, em pouquíssimo tempo, assumir riscos e analisar as consequências. Há situações que não permitem erros: saber escolher o que é prioritário é a chave para a glória ou para o desastre. Priorizar significa escolher o que deve ser feito em primeiro lugar. E isso não é fácil. É uma arte ter de escolher entre duas ou mais coisas que são importantes. Priorizar está ligado à capacidade de escolher e decidir. Assim como vimos que não podemos estar focados em três coisas ao mesmo tempo, não podemos priorizar três coisas ao mesmo tempo. Se fizermos isso não estamos priorizando, porque priorizar é escolher o que será feito primeiro. Para algumas pessoas, escolher é fácil e não lhes causa problemas. Já para a maioria, fazer uma escolha é algo dramático, sofrido, angustiante. Escolher envolve muitos valores internos, crenças e motivações. E muitas vezes esses valores, crenças e motivações não estão conscientes para cada um de nós e por isso fica muito difícil de escolher. Se não bastasse tudo isso, ainda surgem urgências no nosso dia a dia que vão se juntar a uma lista de tarefas pendentes e à nossa lista de tarefas de coisas do dia. Diante desse cenário, temos a sensação de que tudo é prioritário. E se tudo é prioritário como vamos decidir e escolher o que fazer primeiro? A dificuldade em escolher adia a decisão e nos faz perder tempo. Grandes líderes são aqueles que escolhem bem e decidem rápido, sem perder tempo com a dúvida. Alguns têm uma boa intuição, outros desenvolveram um raciocínio rápido capaz de decidir brevemente. Há aqueles que criaram seus métodos de priorização com base em suas experiências e erros. Priorizar, como já falamos, se baseia em valores, crenças e motivações interiores. Por isso, não há uma fórmula padrão, cada um deve encontrar sua maneira de priorizar. Entretanto, algumas dicas podem ser muito úteis a todos.

1. Os grandes líderes da história, homens e mulheres de poder e decisão, sabiam que cada escolha é uma renúncia. Contudo, acredito que todo grande priorizador também reconhece que escolher é optar por uma coisa em detrimento de outra. As pessoas têm dificuldade em escolher porque pensam que renunciar a algo sempre é motivo de preocupação ou sentimento de perda. Porém, pensar que cada renúncia foi uma escolha consciente que se fez, diminui a sensação de perda, porque a renúncia foi motivada por uma escolha que se julga melhor. Veja o exemplo daqueles que renunciam ao mundo para escolher um caminho espiritual: não há remorso, não há sentimento de perda, mas sim a certeza de que optaram por algo melhor. Essa é uma boa dica, reconhecer que cada renúncia foi uma escolha.

2. Ter claramente definidos e conscientes quais são seus valores internos, suas crenças e suas motivações. Nem sempre fazemos nossas escolhas pensando em tudo isso; quando não fazemos isso, em geral escolhemos errado. Definir e tornar consciente quais são nossos valores, nossas crenças e nossas motivações nos ajudam a ter mais clareza na hora de optar entre uma ação e outra. Por exemplo, uma investidora está em dúvida sobre em qual investimento aplicar: ações ou poupança. Se para essa empresa o valor SEGURANÇA é mais forte que o valor ARROJO, o melhor será aplicar em poupança. Pois ir contra um valor que é forte não é boa estratégia. Se investir em ações, que é mais "arriscado", permanecerá uma constante dúvida, atraindo problemas. Agora vamos analisar uma escolha baseada em uma crença. Um homem tem a crença de que sair de casa sem fazer suas orações atrai coisas ruins.

Se essa crença é forte, ele optará por fazer suas orações em vez de correr na esteira antes de ir trabalhar. Ir contra aquilo que você acredita é um erro também, por isso saber no que você acredita o ajuda a fazer suas escolhas e a priorizar o que para você está de acordo com a crença que lhe traz mais paz de espírito. Em outro exemplo, um empresário tem como principal motivação ganhar dinheiro; o que o motiva é ter dinheiro. Entre uma situação em que ele terá de optar entre ficar com a família e gastar com lazer, ou ficar trabalhando mais, se a motivação do dinheiro for mais forte ele vai optar pelo trabalho. Agora, se ele reconhecer que sua motivação verdadeira é trabalhar para viver com a família, vai priorizar os momentos com ela. Isso é muito comum: a consciência dos nossos valores, crenças e motivações acabam, de uma maneira ou de outra, nos ajudando a priorizar as nossas escolhas e a executá-las com mais facilidade, porque nos conhecemos melhor. Já vi muitas mães extremamente dedicadas ao trabalho, exemplos magníficos de dever e comprometimento profissionais, largarem tudo para ir à escola do filho saber por que ele se machucou. Quais valores, crenças e motivações no final das contas são mais fortes? Descubra os seus e assim suas escolhas e priorizações vão estar mais acertadas.

3. Ter claramente definida sua missão e suas metas. Saber bem a missão da sua empresa, a visão e quais as metas importantes. Priorizar não está apenas relacionado com as nossas tarefas cotidianas, mas sim a tudo o que fazemos na vida. A grande maioria das pessoas não sabe nem por onde começar e tem dificuldade em decidir quais metas devem ser cumpridas primeiramente. Todavia, essa dificuldade em saber o que priorizar começa a diminuir quando nossas tarefas estão ligadas às nossas metas e nossas metas estão ligadas à nossa visão (de futuro) e à nossa missão pessoal, assim fica mais fácil saber o que priorizar porque há uma melhor visualização do todo. Da mesma maneira, quando, no ambiente profissional, visão, missão, valores e metas da empresa estão bem definidas, elas ajudam a escolher o que é prioritário. Vamos imaginar uma empresa que tenha estabelecido duas metas para o ano, uma de reduzir os custos e a outra de atender seus clientes com mais qualidade. Um de seus clientes tem um problema em uma região distante e será necessário que um técnico seja deslocado para lá. Deslocar o funcionário demandará um custo muito

alto. O gerente então terá de optar entre mandar o técnico ou não. Se escolher não enviar o técnico, então terá de dar alguma desculpa. Mas se a meta de atender com mais qualidade seus clientes está mais ligada à missão, visão e valores da empresa, então o melhor será deslocar o técnico. As pequenas tarefas e ações também podem e devem seguir essa orientação.

4. Priorizar numericamente. Reveja as suas tarefas e numere. Coloque o número 1 naquela que for fazer primeiro, 2 na segunda, 3 na terceira, e assim por diante. Se você numerar de um a cinco e na hora da execução começar pela quinta, então pare e tente identificar por que a fez primeiro (trata-se de uma maneira de entender seus valores, suas motivações e suas crenças). Se isso estiver acontecendo, significa que a quinta, na verdade, é a primeira. Quando começar seu dia olhe na sua agenda quais as atividades que você planejou. Você fez uma lista de coisas, depois fez seu planejamento da semana, colocou cada tarefa em seu dia e acrescentou a duração de cada uma, não foi? Se você fizer isso será mais fácil priorizar. Se deixar para fazer isso no dia, estará correndo o risco de se perder. Por isso, fazer a lista, planejar a semana colocando cada tarefa no seu dia de acordo com o prazo e com a duração de cada tarefa, é essencial na hora de priorizar. Uma dica bem aplicável e que se mostra muito eficaz é fazer primeiro o que é mais rápido e mais fácil. Essa dica dá energia, porque não há nada mais satisfatório do que olhar a agenda e ver que uma porção de atividades já foi feita. Imagine dez tarefas concluídas. Você se sente mais produtivo. Mesmo que tenham demandado pouco tempo, temos a sensação de que estamos produtivos, o que dá mais energia para continuarmos.

5. Resolver as urgências. Pela definição, uma urgência é uma situação que deve ser resolvida na hora, porque o tempo acabou e se não for resolvida pode causar problemas. Mas cada caso é um caso, e se surgirem duas urgências você novamente terá de escolher qual delas irá resolver primeiro. Analise qual é a urgência verdadeira e aja imediatamente. Se puder fazer o que é mais rápido e fácil logo quando começar o dia, isso ajuda você a se "livrar" de pequenas preocupações, pois quando a urgência chegar pelo menos o que era fácil e rápido já foi feito.

6. Reconhecer o impacto de cada escolha. Quem é mais importante no barco? Cortez, o conquistador do México, na sua famosa queima das caravelas, quando renunciou à segurança de poder fugir nos seus navios, escolheu a conquista de um império gigantesco. Cada escolha, uma renúncia. Depois de uma batalha feroz, teve de recuar, então Cortez protegeu pessoalmente o único que sabia construir caravelas. Naquele momento a prioridade era proteger quem poderia salvá-los. Imagine um dia com muitas tarefas. Você as numerou e as mensurou. Então digamos que tenha oito tarefas para o dia, que somam oito horas de atividades. Uma urgência apareceu e tomou quatro horas do seu dia. Agora você só terá tempo para realizar apenas quatro tarefas das oito. Quais você vai priorizar? Imagine que você está em um barco e é o capitão. Terá de jogar ao mar quatro delas. Quais você vai salvar? Quais delas trazem mais impacto para a organização, para suas metas? Mesmo que você diga que não conseguirá jogar quatro tarefas ao mar, na realidade, acaba jogando, porque o tempo não para e nossa capacidade de execução está ligada às 24 horas do dia. Pensar no impacto de cada tarefa ajuda a priorizar.

7. Negociar e renegociar os prazos. Outra habilidade que aprecio nas pessoas é a capacidade de negociar. E negociar prazos é uma grande estratégia na hora de priorizar. Para melhorar nossa gestão de tempo, teremos de negociar os prazos das tarefas, ou aprender a renegociar os prazos já estabelecidos. Se não fizermos isso ficaremos sempre com dificuldade em escolher o que é prioritário. Isso requer, como já vimos, uma agenda, com cada tarefa em seu dia e cada tarefa mensurada. Dessa maneira você pode medir e gerenciar. Vamos imaginar que na sua agenda já tenham oito horas de tarefas e alguém lhe delega mais outra. Você sabe que terá de mudar sua lista de prioridades (veja quão importante é ter uma agenda com tarefas e compromissos marcados e todos eles mensurados!) porque simplesmente não dará tempo. Você então revê suas tarefas e segue as dicas anteriores, analisa o impacto, analisa valores, crenças, motivações, metas, visão, enfim aplica todas as dicas para ver qual pode ajudar na priorização. Se você perceber que não deve mudar sua prioridade, então passe a negociar se essa tarefa não pode ser feita em outro dia. Caso o prazo dessa tarefa não possa ser alterado, então tente mudar e renegociar o prazo de alguma

outra. Bons negociadores conseguem realizar milagres. O problema é que muitas pessoas não tentam negociar e acabam sobrecarregadas ou assumindo mais atividades do que podem executar no dia e consequentemente acabam tendo de passar para outro dia as tarefas que não conseguiram cumprir.

8. Pedir ajuda na priorização. Quando pergunto às pessoas o que elas priorizam no dia de trabalho, em geral me respondem que são as tarefas que o chefe pede. Mas muitas vezes o que o chefe pede não é prioritário. Em geral, as pessoas querem mostrar serviço ou competência para o chefe resolvendo as demandas pedidas como prioritárias. Essas tarefas poderiam ser feitas em outro dia. Todavia, muitas pessoas têm medo de perguntar o prazo ou negociá-lo. Por isso, algumas ações verdadeiramente prioritárias são deixadas de lado e acabam se tornando urgentes depois. Pergunte, peça ajuda na priorização. Se seu chefe não é organizado, não tem um bom senso de priorização, não mensura as tarefas e lhe passa tudo com urgência, então mostre-lhe as tarefas que ele passou para você e peça ajuda para priorizar cada uma delas. Um bom líder sabe que sua função é ajudar o liderado a priorizar.

33
Antecipe tudo o que puder ser antecipado

Desde criança ouço meu pai falar a frase de Benjamim Franklin: "Não deixe para amanhã o que se pode fazer hoje." E devo confessar que ainda estou aprendendo a fazer isso. Sou grato a ele pelo seu exemplo de energia e de antecipação; meu pai sempre faz tudo que precisa ser feito sem deixar nada para o outro dia. Tenho melhorado bastante nesse aspecto, mas ainda estou longe de seu exemplo. Uma das estratégias que comecei a usar para melhorar essa prática foi a de questionar em minha agenda semanal o que posso fazer hoje. Procuro antecipar pequenas atividades. Mas a antecipação não se resume apenas a não deixar as coisas para amanhã, ela é uma maneira de diminuir urgências, de se preparar e procurar antever possíveis problemas. Antecipar é um modo de estar à frente dos acontecimentos e dos concorrentes. Antecipar para nossa gestão de tempo é uma maneira de vencer os ladrões de tempo. O hábito de deixar tudo para a última hora é o principal causador de nossas urgências. A experiência mostra que a falta de antecipação sempre nos causa problemas, porque o amanhã sempre traz imprevistos, principalmente quando deixamos tudo para depois.

UMA HISTÓRIA QUE PODERIA SER REAL

Um vendedor terá uma reunião muito importante no dia seguinte. Quando ele está perto de sua casa percebe que está com pouca gasolina no carro, há um posto perto de casa e ele levaria apenas vinte minutos para abastecer. "Amanhã eu faço isso, saio de casa vinte minutos antes e coloco gasolina." Ele então estaciona o carro na garagem e pensa em calcular a rota no GPS para o dia seguinte; só precisa buscar no histórico, mas outro pensamento lhe vem à mente: "Não precisa, amanhã na hora que estiver abastecendo eu calculo a rota." Ele entra em casa e faz suas coisas, então lhe sobrévem uma ideia de checar na internet o local da reunião, mas em seguida um pensamento lhe diz: "Para quê? Você tem GPS." Sua empregada deixou um bilhete avisando que o gás está acabando. Ele pode pedir um novo botijão, mas como já são oito horas da noite e há uma taxa de entrega, decide deixar para depois. Ignora que já é a terceira vez que esquece isso.

Na manhã seguinte, devido a uma queda de luz, o despertador não tocou e ele acordou trinta minutos atrasado. De pé, debaixo do chuveiro, percebeu que o gás acabou, então tomou banho frio em pleno inverno. Pegou seu carro e, quando tentou abrir o portão elétrico da garagem, ele não funcionou devido à falta de energia. Ao procurar a chave do cadeado para abrir o sistema manual, perdeu mais dez minutos. Quando finalmente saiu de casa, se lembrou que tinha de abastecer o carro, mas o posto perto de sua casa estava com o sistema inoperante devido à falta de energia. Resolveu abastecer em algum outro posto pelo caminho, então procurou o endereço no GPS, mas o aparelho marcava "endereço inválido". O pobre vendedor resolveu pedir informação e vai pelo caminho indicado, mas não encontra um posto de gasolina. O trânsito congestionou e sua gasolina, por fim, acabou. E tudo porque ele não se antecipou em nada.

Antecipar é um exercício do pensar, e, como vimos, pensar é planejar. Planejar é se perguntar "e se?" E se amanhã a gasolina acabar? E se o GPS não achar o endereço? E se o despertador não tocar? Antecipar é tentar evitar esses imprevistos, é agir com cautela. Quando nos antecipamos aos acontecimentos, quando criamos o hábito de fazer hoje, de criar um processo mental que nos ajude a prevenir urgências, estamos diminuindo riscos e eliminando possíveis ladrões de tempo.

Exercício

Descreva situações em que você passou apuros por não ter se antecipado. Quais as sensações que você vivenciou? Estresse, desespero, raiva? Depois, descreva as vezes em que você se antecipou aos acontecimentos, ou aquelas situações em que tirou bom proveito por ter feito as tarefas antes. Como se sentiu? Tranquilo, seguro? Qual a conclusão a que você chegou? Agora eleja uma coisa que você sempre deixa para depois, como fazer o imposto de renda, ou estudar para alguma prova. Assuma um compromisso consigo mesmo de mudar seu modelo mental de deixar tudo para depois e agende essa tarefa com bastante antecedência. Faça isso e verá que mudar nosso modelo mental não é difícil quando nos tornamos conscientes de nossa responsabilidade e quando reconhecemos os benefícios que a prática de antecipar-se aos acontecimentos traz. Olhe hoje para sua agenda e se pergunte: O que pode ser antecipado? Crie tarefas de antecipação em sua agenda, procure fazer suas demandas com dois dias de antecedência. Tudo o que puder ser antecipado sem causar problemas, deve ser feito.

34
Encontre tempo no tempo perdido — tempo bem-aproveitado

Passamos por inúmeras situações ao longo do nosso dia em que perdemos tempo mesmo sem querer. Trata-se de situações em que acabamos nos tornando reféns dos ladrões de tempo. O trânsito, as filas, a impontualidade das pessoas, os imprevistos que não conseguimos prever ou evitar, os atrasos em aeroportos, hospitais, entre outros. Nas grandes cidades é um pesadelo imaginar que uma grande parte da vida de uma pessoa será vivida no trânsito.

Como fugir desse pesadelo? Soluções sempre existem. Cada um pode traçar para si o que achar mais conveniente. Mudar-se para uma cidade menor, morar perto do emprego, perto de estações de metrô. Sempre se pode pensar e agir para mudar uma situação. Mas temos de reconhecer que grande parte das pessoas ainda vai ter de lidar com esses problemas. Então o que fazer? Usar a imaginação e o planejamento para encontrar pequenas coisas que possam ser feitas nesses períodos.

Se você vai ficar no trânsito por três horas, que tal aproveitar para ouvir um audiolivro? Ou você pode aprimorar um idioma, ouvindo um audiolivro no idioma que está estudando. Você pode planejar escutar suas músicas favoritas. Já pensou em fazer um rodízio com pessoas que trabalham e moram próximas de você? Conheci um grupo de quatro amigos que trabalhavam na mesma empresa e moravam próximos. Eles combinaram de todos os dias irem para o trabalho juntos, revezando-se na direção. Durante o percurso havia uma regra:

por pelo menos uma hora ficavam em silêncio trabalhando em seus *notebooks*, lendo ou fazendo algo que lhes poupassem o tempo.

O que você pode fazer nos períodos de tempo perdido? Comece a criar estratégias para otimizar seu tempo. Durante um treinamento, uma moça me falou que sempre rezava durante o trajeto de casa ao trabalho. Sua companheira ao lado contou que aproveitava para meditar sobre sua vida.

O tempo é perdido quando não sabemos o que fazer de útil com ele. Quando achamos uma utilidade, ele passa a ser um tempo bem-empregado. Quando estiver em um ônibus, avião ou fretado da empresa, se for do seu estilo ser uma pessoa extrovertida e que aprende conversando com outras pessoas, puxe um assunto, faça amizades. Caso não queira, aproveite para descansar e relaxar.

Exercício

Descreva uma situação de tempo perdido, como os exemplos citados. Pode ser o trânsito, ficar na sala de espera em algum consultório, qualquer coisa. Mensure quanto tempo perde nessa situação, uma hora, duas horas... Depois pense no que poderia fazer com essas horas. Planeje e da próxima vez faça. Tenha sempre um plano alternativo. Se o médico atrasar sua consulta em duas horas, aproveite para ler, escrever aqueles relatórios, antecipar alguma coisa nesse período. Sempre é melhor transformar o tempo perdido em tempo bem empregado. E a responsabilidade é nossa, o tempo é nosso, cabe a cada um de nós encontrar algo de útil para fazer nesse tempo e para aproveitá-lo ao máximo. Tenho sempre um plano alternativo para quando terei de passar por situações desse tipo: levo comigo meu computador. Quando não tenho como levá-lo, carrego algum livro. E, se não é possível fazer nada disso, ainda tenho o domínio da minha mente e dos meus pensamentos. Aproveito para pensar na minha vida, nas minhas metas, nas ações que precisarei fazer, na minha visão de futuro; utilizo-me da autossugestão. E passo essas horas criando em minha mente a imagem perfeita das coisas que almejo. Aquele que domina sua mente e seus pensamentos nunca é escravo do tempo, mas começa a ser senhor de si mesmo. Da próxima vez que deparar com alguma situação de tempo perdido transforme-a em tempo bem aproveitado.

35
Falta de tempo não é desculpa

Precisamos encarar a realidade. A verdade é dura, muitas vezes fere, mas liberta. Então, precisamos reconhecer que se não tivemos tempo é porque alguma coisa faltou. Mas o que faltou? O que falta muitas vezes é planejamento, priorização, saber o que se deve fazer primeiro. Uma resposta como "não tive tempo" reflete outras falhas anteriores. Muitos empregados e empregadores têm uma enorme dificuldade em planejar, primeiramente no âmbito pessoal, depois com sua equipe. Outra dificuldade muito comum é saber o que se pode fazer no dia seguinte e o que deve se fazer hoje.

Já vimos em capítulos anteriores que perdemos tempo com coisas que nem percebemos, jogamos fora o tempo de maneira consciente e inconsciente. Supondo que você não perdeu tempo algum com coisas fúteis e que ainda não conseguiu fazer o que tinha de fazer, o que aconteceu? Há casos em que a demanda de trabalhos é maior do que a capacidade de execução, então podemos dizer que o tempo estimado é insuficiente. Contudo, muitas vezes, quando reconhecemos a verdade, não tivemos tempo ou porque não planejamos, ou porque não priorizamos, ou porque fizemos outras atividades que não eram assim tão necessárias. É difícil explicar a falta de tempo quando insistimos em responder "não tive tempo". Quando não aceitamos essa resposta estamos buscando os motivos que levaram a isso. Imagine que seu filho foi mal na prova e quando você pergunta por que não estudou ele lhe responde que não teve tempo. Você fica indignado! Temos aí um problema em gerenciar o tempo e um problema em supervisionar se a tarefa está sendo feita. Com o trabalho é a mesma coisa. A máquina humana tem o seu limite de produtividade; se você está com uma demanda superior à sua capacidade de execução deve estar consciente de que não terá como fazer. Há momentos em que o gestor deve ir até o funcionário e checar, supervisionar se o trabalho está sendo feito, se há tempo hábil para fazê-lo. Se você recebe uma demanda grande de tarefas e acredita que não terá como fazer no tempo estipulado, deve pedir ajuda ao seu superior para renegociar os prazos, ou então para rever as prioridades. Mas, na grande maioria dos casos, as pessoas perdem tempo porque não seguem nenhum método de gestão de tempo. Quando chegamos a uma situação em que não temos tempo é porque alguma coisa faltou antes de faltar tempo. Será que faltou mensurar e dimensionar quanto tempo precisaríamos para fazer? Será que planejamos pouco? Será que não nos antecipamos aos problemas? Se você se acostumar com a resposta "não tive tempo", nunca deixará de ser a vítima da falta de tempo. Se você aceitar a desculpa dos outros de que não tiveram tempo, não estará contribuindo para fazê-los refletir sobre os verdadeiros motivos que ocasionaram a falta de tempo.

Da próxima vez que você disser "não tive tempo", procure identificar o motivo dessa falta de tempo. Falta de antecipação? Excesso de demandas? Precisava ter renegociado os prazos? Precisava ter planejado melhor? Faltou mensurar o tempo das suas atividades do dia? Faça-se essas perguntas também quando ouvir de alguém essa desculpa. Imagine que você vai ensinar seu filho a se organizar, como procederia? Certamente iria investigar os motivos de sua falta de planejamento e ensinaria a ele modos de se organizar melhor. É sempre mais fácil quando olhamos os erros dos outros, mas, em geral, as falhas que apontamos nos outros também podem acometer a nós mesmos. Quando identificamos nossos erros com o propósito de corrigi-los, nos tornamos cada vez melhores.

36
Invista tempo para melhorar a administração do seu tempo

Vários assuntos diferentes, temas interessantes, conceitos e ensinamentos úteis são elaborados e ministrados para milhares de pessoas a cada ano. São milhares de cursos, palestras, livros, metodologias, treinamentos, enfim, uma gama surpreendente de conhecimento. Contudo, apenas 5% das pessoas que saem de um curso, de um treinamento, de uma palestra, ou que leem um livro, vão aplicar o que aprenderam e efetuar as mudanças de comportamento necessárias para mudarem positivamente a vida. É um dado interessante de ser analisado. De que lado da porcentagem você está? Dos 5% que aprendem e mudam, ou dos 95% que só gastaram tempo, dinheiro e energia? No capítulo 6 falamos sobre a aplicação. As pessoas que pertencem à faixa dos 5% saem de um curso ou acabam de ler um livro e imediatamente aplicam o que viram. Em contrapartida, as pessoas que pertencem à faixa dos 95% se impressionam com que leem ou veem, mas no dia seguinte não aplicam nada do que aprenderam. Em uma semana já esqueceram as principais lições, e dentro de alguns meses já nem se lembram do que se tratava. Quando alguém pergunta se gostaram do curso ou do livro, respondem que sim, que é muito bom, mas... "não trouxe muitos resultados", "não se aplica muito na prática", "foi bom, mas não consegui aplicar por causa de fulano ou sicrano". Certa vez o duque Ding perguntou a Confúcio: "Existe uma única frase que possa fazer um país prosperar?" Confúcio respondeu: "As palavras não podem fazer isso, mas podem chegar perto."[19] São as nossas ações que efetuam as mudanças; as palavras podem nos convencer, mas a decisão de agir é sempre nossa. A conscientização maior com relação ao tempo é que ninguém vai melhorar sua vida a não ser você mesmo. Você é o único responsável pelo próprio tempo. Não adianta perder tempo tentando negar essa verdade. Podemos culpar os outros e as circunstâncias. Podemos continuar insistindo que a vida não é do jeito que sonhamos, porque é difícil, por causa da família, por causa do chefe, dos funcionários, dos clientes etc. As mudanças só acontecerão quando você tomar a firme resolução de não culpar mais ninguém pela sua falta de tempo e começar a agir aplicando tudo o que você aprendeu.

Depois de muito refletir sobre o porquê de apenas 5% das pessoas conseguirem aplicar o que foi aprendido e conseguir excelentes resultados, chegamos a uma conclusão simples. As pessoas não planejam um tempo para aplicar o que viram. Estamos falando de gerenciamento de tempo. Aconselhamos a criação de tarefas e a delimitação de uma duração para cada uma delas. Então por que não fazermos isso de maneira planejada para rever os conceitos e aplicar o que foi ensinado?

Ao término de um treinamento, um participante veio me perguntar em quanto tempo conseguiria ter resultados. Eu lhe disse que isso dependeria muito da energia e do tempo que ele estaria disposto a dedicar para aplicar os conceitos apresentados. A dica é ter ritmo e constância de propósitos. "Na prática, o que posso começar a fazer amanhã e quanto tempo você me aconselha a dedicar?", perguntou-me. Sugeri que ele começasse aos poucos, melhor um ritmo mais devagar, porém disciplinado e constante, do que tentar fazer tudo em um único dia.

Você tem 15 minutos do seu dia para se dedicar ao que você aprendeu neste livro? Então marque uma tarefa na sua agenda, uma tarefa de 15 minutos por dia todos os dias. Nesses 15 minutos você vai aplicar passo a passo cada situação apresentada aqui. No primeiro dia você vai usar esses 15 minutos para aplicar o primeiro conceito que tratamos na metodologia. Continue passo a passo e não passe para o próximo conceito até concluir cada parte com qualidade. Faça isso diariamente e verá que estará a cada dia investindo tempo para melhorar a administração do seu tempo. Uma dica: faça isso como a primeira tarefa do seu dia, porque, se você deixar que a correria diária inunde sua cabeça, ficará tentado a adiar essa tarefa.

Você tem coragem de reconhecer a verdade? Acredito que sim! Então, faça uma autoanálise. O quanto você já aplicou do que leu neste livro? Se você ainda não fez os exercícios propostos em cada capítulo, está correndo um sério risco de estar na faixa dos 95% que não efetuam mudanças. Agora, se você pertence à faixa dos 5% que efetuam mudanças e atingem resultados, tenho certeza de que a cada capítulo você pegou uma folha de papel e anotou tudo o que foi proposto. A essa altura, já escreveu sua missão, estabeleceu suas metas, aprendeu com seu passado, está vivendo o presente, começou a fazer um planejamento mais eficaz e está mais consciente do que quer e do quanto você é o único responsável pelo seu tempo. Parabéns!

37

Vença a preguiça

Efetuar mudanças exige uma boa carga de energia e disposição. E parece que toda vez que nos propomos a fazer algo que trará benefícios para nós, surge uma energia contrária que nos desmotiva ou aquela famosa preguiça. Falamos no capítulo anterior que 95% das pessoas não alcançam os resultados desejados porque não aplicam o que aprenderam. Será que esses 95% não estão deixando a preguiça tomar conta? E os 5% que alcançam resultados e aplicam o que aprenderam, será que eles foram vacinados contra o vírus da preguiça? Todo ser humano tem de lidar com a preguiça; o que diferencia essas pessoas da faixa dos 5% é que de uma maneira ou de outra elas aprenderam a vencer a preguiça.

A preguiça é um dos grandes culpados por não realizarmos nossos sonhos, não cumprirmos nossas tarefas e deixarmos coisas importantes tão para depois a ponto de não as fazermos. E todo mundo tem de lidar com a preguiça.

Às vezes sabemos que temos de fazer algo, mas deixamos a preguiça nos vencer. Outras vezes sentimos que queremos fazer alguma coisa e pensamos no trabalho que vai dar e deixamos de fazer. Foi então um pensamento preguiçoso. Chega a ser irônico, mas a preguiça é uma das forças que mais trabalha contra nós. Seja a preguiça uma força, um pensamento, um sentimento, um hábito, devemos combatê-la. Quando conhecemos nossos inimigos, quando sabemos sua estratégia para nos atacar e reconhecemos suas armas, começamos a ficar mais preparados para combatê-los. A preguiça se alia com outras forças destrutivas. Também por isso devemos chamar nossos aliados. Quando a preguiça percebe que não é forte o suficiente para nos derrotar, apela para seus amigos, a justificativa, a resistência, o cansaço, os argumentos falsos, a falta de concentração, a fuga e as ilusões.

A melhor maneira de vencer a preguiça é desafiá-la. Uma dica é aprender a contradizê-la. É como tomar banho de água fria no inverno: todo o nosso corpo treme de frio por antecipação, nossos pensamentos vão argumentar, nossos sentimentos vão tentar nos dissuadir. Se ficarmos muito tempo pensando e ouvindo essas forças, não fazemos. Agora, se criarmos a estratégia de desafiar a preguiça e fazer o contrário do que ela diz, ela desaparece instantaneamente. Se ela disser "não trabalhe", "não escreva agora", "não ligue agora", "não vá treinar". Faça-o, desafie. Se ela disser "não saia da cama", imediatamente levante da cama. É como aquela brincadeira de "chefinho mandou", mas ao contrário, aqui valerá a pena ser do contra, teimoso, insubordinado. Se ela disser "não vá treinar", você faz exatamente o oposto. Mas faça logo. É como pular na piscina. Chega uma hora em que inesperadamente uma força interna inexplicável nos toma, assume o controle motor e se joga. Ou quando alguém nos empurra, não há mais jeito, caímos na água gelada. Essa é a ideia de vencer a preguiça: rapidez imediata para fazer o contrário do que ela manda. Quem manda em quem, afinal? Se você não fizer na hora, como um impulso de "negação", ela terá tempo para dominar seus pensamentos e sentimentos. Se você pensar muito, a preguiça assume outras formas, ela se alastrará para o pensamento mostrando-lhe argumentos para não agir, justificativas que parecem ser a melhor opção. Ao perceber que você não está caindo nessa armadilha, a preguiça vai se transformar em sentimentos e sugerir que você não está se sentindo bem para agir. Havendo ainda resistência da sua parte, ela tentará mais um recurso: apelará para o corpo, sugerindo que você está cansado ou que será dolorido. Mas se você ainda assim agir imediatamente, ela vai perder força e terá apenas um último recurso: chamar seus aliados. Ilusão, desconcentração, perda de foco e atenção, todos esses aliados da preguiça vão fazer de tudo para que você não saia do lugar.

Percebe como a preguiça é uma força que trabalha sem preguiça? Não é irônico? Você está em uma guerra interna e também tem seus recursos interiores, sua força de vontade, seu desejo e sua motivação; seus argumentos de por que aquilo é importante. E como toda guerra para ser ganha precisa de esforços e de aliados, você convocará os seus companheiros. O senso de importância, de dever cumprido; comprometimento; sabedoria de encontrar o real motivo e relevância do que deve ser feito; disciplina; persistência e espírito indomável; autocontrole e ajuda espiritual. Sim, a ajuda espiritual é muito importante. Utilize sua fé e peça ajuda para Deus. Muitas vezes fracassamos porque nos esquecemos de pedir ajuda aos nossos aliados mais poderosos. Vista-se da certeza de que Deus quer o melhor para você, e, como se essa certeza fosse uma armadura, vá para a guerra contra a preguiça. Ela não poderá se sustentar por muito tempo quando você está lutando com todos os seus aliados e quando chama para si o poder de Deus em suas orações.

Não dê ouvidos aos argumentos da preguiça. Preguiça é diferente de descanso, diferente do tempo para o relaxamento, do repouso, do ócio criativo. Trata-se de uma força de lassidão, de procrastinação. Uma força que de preguiçosa não tem nada; por isso use a preguiça contra ela mesma. Quando ela vier, brinque de "chefinho mandou" ao contrário. Não deixe que ela o vença novamente. Aja sem pensar muito; nesse caso é importante o imediatismo. Esmague o verme da preguiça e não se permita dar tempo para que ela se espalhe como um vírus em sua mente. Se a situação estiver muito crítica, clame por Deus. Peça a Ele a energia, a força interior, exterior e espiritual para quebrar a barreira da inação e aja. A preguiça não consegue resistir à energia da ação e a energia do amor.

Parafraseando Sun Tzu em seu livro *A arte da guerra*: "Para ganhar uma guerra é preciso conhecer a si mesmo e ao seu inimigo."[20]

Exercício

O que você tem adiado por causa da preguiça? Quais são os argumentos dela? Como ela vem agindo contra você? Quais as estratégias que ela usa? Quais foram os pensamentos e sentimentos que ela usou para convencê-lo? O que impede você de efetivar a mudança interior ou exterior desejada? Escreva aquilo que precisa fazer e que a preguiça está não está "deixando". Peça ajuda a Deus. Chame seus aliados. Marque na sua agenda um dia para fazer isso.

38
Tempo, produtividade e energia

Tempo, produtividade e energia estão intimamente relacionados. São conceitos difíceis de serem explicados separadamente, mas se considerarmos que os três estão interligados, começaremos a entender a relação entre eles. O filósofo chinês Confúcio disse uma frase de que gosto muito: "Escolha um trabalho que ame e nunca mais irá trabalhar na vida."[21] No capítulo anterior dissemos que a preguiça não resiste à energia e ao amor. Napoleon Hill, o pioneiro nas pesquisas sobre por que as pessoas atingem o triunfo na vida e por que fracassam, tem outra frase de que também gosto: "O preguiçoso é alguém que ainda não descobriu um trabalho que ama."[22] Você já percebeu que quando fazemos o que amamos temos uma energia maior e muitas vezes não sentimos o tempo passar? A teoria da relatividade de Einstein propõe que o tempo não é igual para todas as pessoas.[23] Um minuto para algumas pessoas pode demorar mais do que para outras. Será que isso explica por que algumas pessoas são mais produtivas do que outras? O que é produtividade, afinal?

Em geral, entendemos produtividade como a capacidade que temos em produzir algo ou alguma coisa. Quando falamos hoje em produtividade logo pensamos em produtividade no trabalho. As empresas precisam de funcionários que consigam produzir cada vez mais em menos tempo. A partir daí começamos a entender a relação entre tempo e produtividade. No capítulo 8 trabalhamos o conceito de que o tempo pode ser qualquer coisa a que queiramos associá-lo. Tempo é dinheiro, tempo é um luxo, tempo é um recurso a ser administrado etc. Dessa maneira, também temos de entender que tempo é produtividade. Produzimos constantemente, sejam ações físicas vinculadas ao nosso trabalho, sejam até mesmo nossos pensamentos. Produzimos nossos sonhos com a nossa imaginação. Precisamos de tempo para produzir. Agora, o que precisamos tornar claro para nós mesmos é que a produtividade humana está intimamente relacionada com a nossa energia. Tempo, então, é energia também. Precisamos do tempo para ter energia e precisamos da energia para produzir, e quando produzimos estamos utilizando nosso tempo. Onde quero chegar com tudo isso? Que podemos extrair desses conceitos um princípio para sermos mais produtivos, aproveitarmos melhor nosso tempo e ainda termos toda a energia para realizar nossos sonhos. Quando amamos o que fazemos temos mais energia, porque a maior de todas as energias e o que mantém o universo coeso é o amor. Quando escolhemos um trabalho que amamos, somos tão produtivos que nem sentimos o peso do tempo. A teoria de Einstein se comprova nesse princípio. Nosso trabalho é o que produzimos, o que produzimos está associado ao nosso tempo, portanto devemos adotar o princípio de escolher um trabalho que amamos, porque só assim teremos tempo, produtividade e energia verdadeiramente relacionados de maneira inseparável. Esse é o caminho para viver bem o nosso tempo!

De acordo com Napoleon Hill[24], apenas 5% das pessoas têm triunfo em todas as áreas da vida. Isso porque entre outras coisas descobriram um trabalho que amam. Já os 95% restantes não gostam do que fazem. Quando li seus estudos comecei, por conta própria, a tentar identificar se tal proporção era verdadeira. Percebi isso em muitas empresas que visitei. Milhares de pessoas trabalham, mas não gostam verdadeiramente do que fazem. Milhares de pessoas passam a vida inteira em um trabalho de que nunca gostaram. O ápice da minha descoberta foi quando fiz uma viagem para São Francisco do Sul, em Santa Catarina. Visitei o Museu do Mar e lá conheci um senhor que faz esculturas. Como tenho esse hobby, fui perguntar há quanto tempo ele fazia tais esculturas e quanto tempo ele demorou para adquirir tamanha maestria na produção de suas peças. Ele então me contou que não fazia muito tempo que esculpia, começou há alguns anos depois de se aposentar. Fiquei surpreso, pois imaginei que ele fizesse isso desde muito tempo. O senhor de cabelos e barbas brancas contou sua história de vida. Trabalhou a vida inteira em uma profissão de que não gostava, sentia-se cansado, reclamava que nunca tinha tempo para nada e que apesar de ganhar bem não se sentia realizado. Quando se aposentou decidiu fazer o que sempre sonhou: esculpir. Desde que começou a fazer o que amava, não se sentia mais cansado, nem via o tempo passar, não sentia o peso da idade, era capaz de ficar horas trabalhando sem sentir estresse e sua energia era impressionante. "E ainda ganho mais do que quando trabalhava para o governo, porque minhas esculturas são vendidas para a Europa." Nesse dia eu percebi a verdade desse princípio. Percebi que quando amamos o que fazemos ou quando escolhemos um trabalho de amor, tempo, energia e produtividade se fundem em uma coisa só. Fazer as pessoas refletirem sobre isso é uma das coisas que mais me realiza. Sou grato à metodologia da Triad, que me ensinou o verdadeiro valor do tempo, o real significado da importância de viver o nosso tempo. E procuro dizer isso sem medo em todas as empresas a que vou: "Escolha um trabalho que ama e nunca mais irá trabalhar na vida!" Costumo encontrar muitas pessoas que me perguntam o que devem fazer. Eu sempre procuro lhes dizer: "Lembrem-se de que a vida é sua, o tempo é seu." E as encorajo a buscar um trabalho que amem. Não podemos deixar de viver nossos sonhos. Produziremos mais quando produzirmos com o verdadeiro amor. Porém, nunca deixo de lhes dizer que, independentemente do trabalho que escolham, devem sempre gerenciar bem o tempo e a energia.

E você, ama o que faz? Qual seria o trabalho dos seus sonhos? O que ama fazer? Por que não está fazendo o que ama? Não culpe os outros! Planeje, direcione sua energia para fazer o que lhe trará mais energia, produtividade e tempo. Nunca é tarde ou cedo demais para seguir seu coração. Se não consegue encontrar amor no que faz, então busque o que lhe trará paz de espírito e realização: escolha um trabalho que ama, afinal uma boa parte do tempo da sua vida será vivida no seu trabalho. Por todos esses motivos, não é bem melhor escolher algo de que vai gostar muito de fazer?

39
Cuide de si

Quando nascemos, Deus nos dá uma quantidade de horas, dias e anos que só ele sabe. Deus nos dá também um corpo, uma mente, um coração e um espírito. Assim como é nossa responsabilidade gerenciar nosso tempo, também está dentro dos nossos deveres cuidar da máquina que nos sustenta. Somos seres compostos de músculos, pensamentos, emoções e espiritualidade. Gosto de pensar que Deus nos deu um carro para dirigirmos, e as quatro rodas são o corpo físico, a mente, as emoções e o espírito. O que acontece com um carro quando duas ou mais rodas estão furadas? Certamente ele não vai sair da garagem. Com a máquina humana é a mesma coisa. Temos de dedicar tempo para cuidar de nós mesmos. Mas as pessoas se esquecem de olhar para essas rodas — às vezes só cuidam de uma e muitas vezes de nenhuma delas. Nosso físico precisa de manutenção e cuidados. Nossa mente precisa ser estimulada e posta em constante exercício, assim como nosso corpo. Nossas emoções também devem ser alimentadas com sensações positivas, assim conseguimos controlá-las e usar nosso sentimento a nosso favor quando precisarmos manter a calma e a tranquilidade. E, do espírito, há quase que um esquecimento completo.

Cuidar de si mesmo requer atenção e dedicação de tempo para esses quatro aspectos do nosso ser. Em geral, com a correria do dia a dia, a falta de planejamento, a preguiça e as desculpas, as pessoas sempre vão deixando de lado os cuidados essenciais com o corpo, a mente, as emoções e o espírito. Certa vez assisti a um concerto de música erudita e percebi o cuidado dos músicos com seus instrumentos de trabalho. Pergunto-me então por que as pessoas têm dificuldade em entender que essas quatro áreas compõem o instrumento humano de trabalho? Imagine uma flauta em que três buracos estão entupidos de sujeira. Na hora em que fosse executar uma música, não sairia um som muito agradável, e que bronca o maestro daria no músico!

Os exercícios físicos aumentam nossa capacidade de controlar o estresse, e também nossa capacidade pulmonar e cardiovascular. Já foi provado que fazer atividades físicas é saudável e aumenta nossa energia e nossa disposição, e prolonga nossa vida. Ainda assim, muitos só consideram dar atenção a esse "detalhe" quando um médico, tal como o maestro, lhes dá uma bronca. Da mesma maneira, a mente deve ser exercitada, senão ela embota, atrofia, começa a perder as forças. Devemos cuidar dela e nos aprimorar sempre, buscar aprender e utilizar nossa capacidade mental. Estimular a mente torna a pessoa mais bem humorada, alegre e atenta. Muitas vezes o que a mente necessita é de relaxamento e meditação. Quanto às nossas emoções, quase nunca paramos para entendê-las e muito pouco tempo é dedicado para controlá-las. Tenho uma amiga que é atriz e perguntei a ela como fazia para representar uma emoção com tanta perfeição. "Eu não represento, eu busco do meu baú de emoções; me lembro de coisas que me deixaram alegre, triste ou com raiva, e na hora que preciso as faço saírem do baú." Quantas vezes deixamos que nossas emoções nos dominem quando podemos redirecioná-las. Quantas vezes dedicamos tempo para simplesmente nos sentirmos bem. Para ficarmos com as pessoas que mais nos despertam sensações boas? Da mesma maneira, nos esquecemos de uma parte fundamental: cuidar do espírito. Muitos só se lembram da espiritualidade quando estão em apuros, que não teriam acontecido se houvessem dedicado tempo para cuidar do espírito. A espiritualidade é muito pessoal e cada um tem o seu entendimento sobre o que é cuidar do espírito. O problema é quando se esquece de dedicar tempo para Deus, para evoluir a própria alma, para seguir os mandamentos, fazer caridade e praticar a gratidão por tudo o que tem. Esses quatro aspectos do ser, essas quatro rodas ou, como se refere Nuno Cobra, esses quatro corpos, precisam trabalhar de maneira integrada;[25] não se pode deixar um desses corpos no esquecimento, porque tudo o que fazemos depende do bom funcionamento do nosso instrumento. Por essa razão, devemos dedicar uma parte do nosso tempo para cuidar deles.

O que você vai fazer para cuidar do seu corpo? Atividade física três vezes por semana já traz grandes benefícios ao corpo e à saúde. Visite seu médico, pratique um esporte que seja agradável junto com pessoas de que você gosta. Aproveite seu tempo e divirta-se cuidando do corpo. Procure se alimentar e dormir bem, e ter seus momentos de relaxamento. Crie uma estratégia para cuidar do corpo, escolhendo atividades que você vai fazer com frequência. Planeje, coloque na agenda com o tempo estimado. Seu corpo vai agradecer e sua energia vai aumentar.

O que vai fazer para cuidar da sua mente? Que cursos podem trazer mais evolução e conhecimento? Escolha bons livros, participe de eventos e seminários. Estimule seu cérebro, torne-o sempre desperto e vivo. Se não usar suas capacidades mentais elas vão diminuir e quando precisar estarão enferrujadas. Faça palavras cruzadas, converse com pessoas sábias. Aproveite seu tempo para aprender e para ensinar seu cérebro que manter bons pensamentos ajuda a atrair o sucesso que queremos.

O que você vai fazer pelas suas emoções? O que pode ajudar você a controlar melhor suas emoções? Faça teatro ou ioga. Assista a vídeos e a filmes de comédia. Sorria, gargalhe. Brinque com seus filhos, amigos e pessoas que ama. Procure sentir cada emoção contida nas mais simples coisas, desde tomar um sorvete, apreciar um pôr do sol e ficar com a pessoa amada. Procure atividades que sinta imenso prazer em realizar e sinta toda a emoção que podem lhe trazer.

O que vai fazer para cuidar do seu espírito? Frequente sua igreja, sua comunidade espiritual. Faça suas orações. Leia a Bíblia. Procure orientação espiritual. Mantenha contato com a natureza. Procure meditar sobre Deus. Reserve um dia para agradecer por toda proteção, bênção e dádivas que lhe foram dadas. Compartilhe seu aprendizado. Doe seu tempo aos que necessitam. Pratique a caridade. Faça coisas que alimentem seu espírito.

Marque tudo isso na sua agenda e se comprometa a cumprir suas promessas. Tire um tempo para perdoar e pedir perdão. E, antes de tudo, ame a Deus acima de todas as coisas. Cuide de si e dos outros, essa é a melhor maneira de agradecer a Deus o tempo que ele nos deu.

40
Comprometimento é a chave para o sucesso

Uma das piores e melhores coisas que podemos fazer é contar nossos sonhos e objetivos para outras pessoas. Devemos compartilhar nossos sonhos e objetivos com aquelas pessoas que estão envolvidas na realização das mesmas metas. Mesmo para pessoas que nos amam, parentes, amigos, devemos ter cuidado ao contar nossos objetivos. Contudo, contar nossos sonhos a pessoas que estão sonhando o mesmo que nós pode ser a melhor coisa que podemos fazer, porque isso nos ajuda a criar um forte comprometimento. Há uma cobrança positiva dos outros e também há uma autocobrança pessoal embasada na responsabilidade, no senso de honra e de dever. A força para nossas mudanças verdadeiras está no comprometimento. A primeira pessoa com a qual devemos nos comprometer é com nós mesmos. Sem comprometimento nenhuma mudança é realizada. Sem pessoas comprometidas em algum trabalho ou meta não há realização. Quando nos comprometemos com alguém a fazer alguma coisa, essa pessoa espera e confia que o compromisso será honrado. Muitas vezes é mais fácil cumprir um compromisso com outra pessoa do que com nós mesmos. Mas, se é isso que está acontecendo, uma coisa está nos matando silenciosamente: a autossabotagem. Em pouco tempo, esse veneno se espalhará por toda a nossa consciência e nossas atitudes, e então qualquer tipo de compromisso será impossível.

Imagine que você será chefe de alguém. Você expõe a ele suas expectativas, explica suas funções, mostra-lhe as coisas que terá de fazer e delega-lhe tarefas. Para o bom andamento do seu trabalho será necessária uma boa relação com seu subordinado. Ele terá de entregar as tarefas que você delegar dentro do prazo estabelecido.

Agora imagine que você vai ser liderado por um excelente chefe. Você esperará dele que explique o que deverá ser feito e como deverá ser feito. A orientação do seu chefe será vital para o bom andamento do trabalho. Ele irá ajudá-lo a planejar, priorizar e reconhecer os caminhos a serem seguidos. Delegará tarefas e estipulará seu prazo.

De repente o funcionário começa a não fazer nada do que você pede. Você marca uma reunião com ele e ele não aparece, nem mesmo dá uma satisfação. No outro dia ele volta, passa por você e finge que nada aconteceu. Quando você chama a atenção dele ele não entende, finge que não era responsabilidade dele, começa a se justificar e não assume a responsabilidade. Como você se sente? Dá para trabalhar com alguém assim, sem o menor comprometimento? O que você faria: demitiria o funcionário ou tentaria ajudá-lo? Como você ensinaria a importância do comprometimento?

Da mesma maneira, o chefe que vai liderar você começa a faltar com o compromisso estabelecido entre vocês. De repente ele não cumpre os horários, não lhe dá as informações necessárias, deixa-o abandonado e sem direção. Você o procura, e, quando finalmente ele o atende, fica com aquele ar de que não lhe deve nada, que é você quem tem de se virar. Como você se sente? É possível trabalhar e ser orientado por alguém que não é comprometido com a causa? Como você acha que será o andamento dos trabalhos? Pouco a pouco a motivação e o senso de dever vão sendo deixados de lado até serem esquecidos.

Todos gostam que as pessoas com quem nos comprometemos honrem o compromisso acertado. Mas, na hora de cumprir sua parte do compromisso, muitos não o fazem. Isso é um defeito do caráter que deve ser corrigido e ensinado o quanto antes na vida de um ser humano. O líder deve sempre ensinar a importância do comprometimento. Deve exigir e cobrar o comprometimento de seus liderados, todavia, antes de cobrar o comprometimento dos outros, deve ele mesmo ser o exemplo. Afinal, se você quiser exigir algo que não tenha como um valor dentro de si e que seja reconhecido pelos outros, não terá moral nenhuma para cobrar. A importância do comprometimento é que ele o leva a algum lugar, é a condição interior, o senso de dever e honra que fazem com que você cumpra sua promessa. Sem homens e mulheres comprometidos, nenhuma realização teria sequer existido. Se algo foi feito, foi porque alguém se comprometeu em levar aquilo até o fim.

Ao término de um curso, em geral, as pessoas que estão na faixa dos 5% que vão ter resultados dizem que vão aplicar tudo que viram. Mas há aqueles que dizem que vão tentar aplicar. Não basta tentar; quando dizemos à nossa mente que vamos tentar ela vai apenas tentar; quando dizemos à nossa mente que vamos fazer, ela vai fazer. Imagine que você contrate um engenheiro para projetar a sua casa e ele, ao final da conversa, aperta sua mão e lhe diz: "Tudo bem. Eu vou *tentar* projetar a sua casa." Que confiança você teria nele? Você vai ao dentista e ele lhe diz que vai *tentar* tirar suas cáries. É a sua boca que está em jogo. Quando a pessoa diz que "vai tentar", dentro dela há dúvidas quanto à sua capacidade; há falta confiança ou ela não sabe direito como vai fazer. É como se fosse uma desculpa prévia: "Bem, eu tentei. Eu disse que ia tentar, não que ia fazer." Quando a pessoa se compromete e diz que vai fazer, esse comprometimento vem carregado de uma certeza e autoconfiança que guiam a pessoa mesmo que ela não saiba como fazer. É muito diferente. O compromisso se alia com a fé, com o senso de dever e de honra, isso faz com que as energias internas se direcionem para a realização do que foi proposto.

Faça um grande favor a si mesmo. Estabeleça o dia de hoje para levantar um estandarte de vitória. Será a sua vitória contra a mentalidade reativa de culpar a falta de tempo. Eleja algo que você tem dito constantemente e que não consegue fazer por falta de tempo. Diga para as pessoas que o amam e para aquelas que você ama o que é e assuma um compromisso de conseguir um tempo para fazer isso. Não desista até conseguir. Planeje, escolha algo específico e comece aos poucos. Se você não se comprometer nunca conseguirá. Peça ajuda, delegue atividades que possam ser executadas por outras pessoas e simplesmente faça.

Exercício

Escreva em uma folha de próprio punho: "Eu, _____, me comprometo a partir de hoje e até realizar o que me propus, com senso de honra e dever, a aplicar os seguintes conceitos:_____, a realizar as seguintes metas: _____, a adotar as seguintes práticas: _____, a usar melhor meu tempo para fazer as seguintes coisas: _____." Coloque esse papel em um lugar em que você possa ler constantemente. E, se puder, se comprometa com alguém que esteja em perfeita harmonia com você e com seus sonhos, evitando as pessoas que não estão.

41
Crie soluções para os problemas de tempo

Durante o intervalo de um treinamento, um homem veio me perguntar como poderia resolver o seu maior problema de gestão de tempo: o trânsito. Contou-me que estava perdendo qualidade de vida e a companhia de sua família, pois passava mais de quatro horas do seu dia em deslocamentos. Observe nosso diálogo:

— Que solução você poderia me dar? – me perguntou ele.

— Vejo três saídas, a primeira é você morar mais perto do seu trabalho.

— Impossível.

— A segunda é você trabalhar mais perto de onde mora.

— Impossível.

— A terceira é negociar com a empresa um regime de *home office*.

— Impossível.

— Você não tem mais alternativa?

— Bem, só se eu mudar de emprego.

— Ah! Então, existe uma solução, não é mesmo?

— É, mas é impossível. Eu teria de trocar de emprego e isso exigiria muito esforço.

— Eu me preocupo mais com as pessoas do que com as empresas, pois são as pessoas que fazem as empresas. Meu trabalho é falar sobre tempo e tempo é vida. O que é mais importante para você, seu trabalho ou sua família? Se seu trabalho lhe causa essa tensão, então procure algo que traga equilíbrio para você. Um bom trabalho, um lugar próximo e tempo para sua família. Se você acreditar na solução dá para conciliar tudo.

Dois anos depois encontrei o mesmo homem em outra empresa.

— Lembra-se de mim?

— Sim. Como resolveu seu problema de tempo?

— Bem, depois do que me disse eu fiquei pensando. Você tinha razão. Então tentei a todo custo um lugar perto do trabalho, e não consegui. Fui então para a segunda opção: uma transferência, e não consegui. Então, ponderei sobre o que era mais importante e troquei de empresa. Hoje estou a 15 minutos a pé da minha casa e ainda estou ganhando um salário bem maior.

A filosofia define "problema" da seguinte maneira: "Qualquer situação que inclua a possibilidade de uma alternativa."[26] Olhando sob essa ótica, todo problema tem solução, como na história anterior. As alternativas existiam, mas aquele homem estava com dificuldade em investir seu tempo e sua energia para resolvê-lo, ele não estava investindo tempo para acreditar que era possível. O filósofo e pensador John Dewey propõe que a compreensão de "um problema permite a antecipação de uma ideia sobre a sua solução". Reflita sobre os problemas que você já resolveu em sua vida. Havia ou não uma alternativa? Qual foi a solução? Quando um problema surge nossa tendência é reclamar, culpar os outros e as circunstâncias. Em geral, só partimos para resolvê-los quando eles se tornam insuportáveis. Quando deixamos de reclamar, quando saímos da posição de vítima ou de refém dos nossos problemas e investimos tempo para criar soluções para eles, nos tornamos responsáveis pela sua solução. E quando mudamos nossa postura de vítimas dos problemas para responsáveis pelas soluções, começamos a encontrar alternativas, ideias e estratégias. Tempo é energia. Eu nunca me esqueci de algo que aconteceu comigo quando tinha 19 anos. Estava na praia e encontrei um amigo de infância que estava trabalhando no *Salva-surf*, um programa da prefeitura de Santos para ajudar o corpo de bombeiros na praia. Na época eu estava servindo o Exército e me encontrei com ele. Combinamos de nadar e dar a volta na ilha. Tive câimbras em alto-mar e comecei a me desesperar, pensei que fosse morrer. Meu amigo estava distante de mim e não me veria se me afogasse. Meu orgulho de homem não me permitia chamá-lo, mas, ao ver que a morte se apressava, gritei por socorro. Ele gritou de volta que estava chegando, para eu aguentar firme. Nessa hora eu fiquei desesperado, porque a câimbra atacou as duas pernas. Mas meu amigo salvou a minha vida e me deu uma lição quando disse: "A energia que você usa para se desesperar você tem de usar para se salvar." Essa frase foi meu bote salva-vidas. Percebi que, se em vez de pedir socorro e me desesperar, eu pudesse direcionar e usar essa energia, conseguiria chegar até a ilha e me salvaria. Uma confiança e uma energia surgiram daquele direcionamento, e cheguei até a ilha. Estou vivo graças ao meu amigo, que me orientou a usar a energia para me salvar. Meu amigo não me segurou, sequer encostou em mim para me ajudar, mas me deu um ensinamento que salvou minha vida

Por que contei essa história? Porque vejo milhares de pessoas jogando fora sua energia quando poderiam usá-la para atingir seus objetivos. Imagine quanto tempo gastamos jogando fora a energia que nos salvaria? Em momentos de crise devemos direcioná-la para um único propósito: resolver nosso problema. Em palestra realizada na UNIFESP, o professor Américo Barbosa afirmou que os olhos ocupam cerca de 5% da área do corpo e consomem acima de 30% de energia. Olhe para sua salvação e conseguirá redirecionar sua energia; olhe para o desespero e terá 30% da energia levando-o para a destruição. Não importa quão desesperadora é sua situação, se não redirecionar sua energia, você será o único responsável por dar energia ao problema. Não se esqueça de pedir ajuda. Meu amigo estava ali e tive a confiança de que ele ia me ajudar. Por causa daquele encorajamento, nas situações em que estive sozinho e passei por problemas, direcionei minha energia para a resolução. E nunca esqueça que mesmo sozinho Deus estará sempre com você se você o chamar.

Exercício

Tudo é uma questão de direcionar nossa energia para solucionar um problema. Qual o seu maior problema na gestão do seu tempo? Alguma vez já tentou solucioná-lo em vez de ficar reclamando? Faça um quadro de comparação: de um lado coloque em horas quanto tempo esse problema rouba de você, há quanto tempo ele existe, quanto tempo você gasta reclamando dele, quantas horas você gasta culpando a si ou a terceiros. Do outro lado do quadro coloque quanto tempo investiu para investigar motivos e causas, para pensar nas possíveis soluções, quanto tempo investiu acreditando que é possível resolvê-lo e quanto tempo investiu para agir e seguir as alternativas.

42
Diga "não" ao que não for importante

Ao refletir sobre as dificuldades de gerenciamento de tempo podemos encontrar uma das principais causas: a dificuldade em dizer "não". Seja no âmbito pessoal ou no profissional, muitas pessoas não conseguem dizer "não". Quando a pessoa tem dificuldade em dizer o que sente, em mostrar por que não quer fazer algo, acaba aceitando uma situação que lhe causa incômodo. Dizer "não" implica consequências, magoa as pessoas; você pode ficar com fama de antipático ou incompetente. Mas nem sempre são consequências negativas, principalmente quando entendemos que dizer "não" é escolher o importante. O que temos de ter sempre em mente é que ao fazê-lo reduzimos nossa perda de tempo consideravelmente. Isso nos ajuda a aumentar a nossa esfera das coisas importantes (lembra-se da Matriz da Triad?) e reduz a esfera das circunstâncias. Ajuda-nos a focar em nossos objetivos, a nos posicionar quanto ao que queremos ou não queremos, quanto ao que gostamos ou não gostamos. Dizer "não" é dizer "sim" ao que nos interessa, ao que nos traz resultados, ao que vai nos trazer uma sensação de paz e tranquilidade por estarmos fazendo o uso que achamos melhor para nosso tempo.

Reflita sobre as vezes em que você disse "sim" quando deveria ter dito "não". Quais foram as consequências? Positivas para você? Muitas vezes fazemos o que não queremos apenas para agradar os outros, por isso nos sentimos angustiados e frustrados. Melhor dizer um "não" e ficar com o tempo livre para focar no importante, do que dizer "sim" e ficar o tempo todo angustiado e de mau humor.

Dizer "não" requer uma forte convicção interior, porque se nosso interlocutor notar qualquer fraqueza dentro de nós, na nossa resolução em sermos firmes em dizer "não", ele vai se aproveitar e irá insistir, irá argumentar até que você aceite. Siga sua consciência, ela sempre sinaliza. De uma maneira ou de outra, quando uma situação indesejável se apresenta, ela envia para você um aviso intuitivo. Devemos, portanto, ser breves em dizer "não", manter nossa convicção, explicar nossos motivos e persistir no "não".

Temos mais facilidade em dizer "não" quando sabemos que não poderemos atender à solicitação. Porém, ainda assim, muitos que querem parecer bonzinhos ou prestativos acabam dizendo "sim". Nesse caso, você deve pensar que a consequência de ter dito "sim" trará prejuízo para ambos, uma vez que você ficará chateado porque não conseguiu cumprir com o prometido e a outra pessoa ficará chateada porque contava com você e você falhou. Quando esse tipo de situação aparecer, explique seu verdadeiro motivo, e seja firme na sua posição.

Diga "não" àquilo que você não quer fazer, principalmente coisas circunstanciais que são sinônimos de perda de tempo. Explique para a pessoa que você simplesmente não quer fazer. Não invente desculpas; ao mentir, estamos oferecendo argumentos para que nos peguem na mentira e o resultado é que acabamos criando problemas ainda maiores. Nossa postura em dizer "não" será fundamental. Pessoas decididas mantêm sua posição sem descontrole e sem perder a graça e a elegância. Copie esses modelos. Brinque de interpretar; como seria se você interpretasse um conquistador, um grande e firme empresário ou a rainha da Inglaterra? Com a prática da atuação, quando precisar, será mais fácil dizer "não" com firmeza e elegância. A postura corporal de quem tem firmeza na decisão, o olhar e o sorriso já são metade do "não".

Nos casos em que o "não" for para o chefe lembre-se sempre de que dizer "não" é escolher o importante. As pessoas têm medo de sequer tentar negociar o não. Acredite no seu bom senso, existem muitas situações em que, se você tiver uma postura elegante e decidida, baseada na inteligência e em motivos pertinentes, seu chefe vai se convencer do "não". Mais uma vez, devemos lembrar que uma das marcas das pessoas bem-sucedidas é a habilidade de negociar, sem fugir do que é relevante e importante. Negocie com o chefe, explique seus motivos, peça ajuda a ele para que possa rever suas prioridades; quem sabe uma tarefa possa ser adiada para que você possa dizer "sim" sem prejuízo do seu tempo e da sua tranquilidade?

Precisamos ter muito claro em nossa mente que o tempo é nosso, que dizer "não" é dizer "sim" ao que importa e ao que nos faz sentir bem. E precisamos saber também como aceitar um "não". A maneira como tratamos os outros é o modelo que será usado conosco. Se você sabe aceitar um "não" e entende os motivos da pessoa, mostra o exemplo de como gostaria que o outro aceitasse quando você disser "não". E caso a pessoa não tenha esse bom senso e não saiba aceitar um "não", não se preocupe, seja firme e deixe o tempo ensiná-la sobre o que é importante.

Exercício

Escolha uma situação em que você sempre diz "sim", mas que gostaria de dizer "não". Ensaie o "não", imagine-se dizendo isso, crie seus argumentos com base nos seus motivos verdadeiros, firme a sua posição. Imagine as consequências positivas de dizer esse "não". Visualize-se se sentindo bem por ter conseguido dizer o "não". Comprometa-se a dizer o "não" e siga em frente. Tudo é uma questão de tomar uma atitude.

43
Gerenciar o tempo é uma questão de atitude

São nossas atitudes que mudam o mundo. Não é um mero clichê o que Gandhi queria dizer com: "Seja a mudança que quer ver no mundo." Quando tomamos a atitude de mudar primeiro a nós mesmos, contagiamos os outros com nosso exemplo, ou seja, com as atitudes que tomamos. As pessoas trazem consigo desde tenra idade suas qualidades e deficiências. Quando vão trabalhar em alguma empresa, já têm o próprio método de gestão, as próprias atitudes, sua maneira de fazer as coisas, que foi sendo adquirida de acordo com o seu aprendizado de vida. Hábitos, costumes e deficiências se relevam em suas atitudes. Não basta as empresas treinarem seus funcionários, é necessário que os treinamentos atuem de modo a transformar atitudes e hábitos ineficientes. Os problemas de gestão de tempo de uma empresa estão vinculados ao que chamamos de cultura corporativa. Uma empresa que não prima pelas boas práticas, que não atenta para as atitudes individuais de seus funcionários, cria e permite uma cultura que não respeita o tempo das pessoas.

Quando uma empresa tem uma cultura que não dá a devida atenção aos métodos de gerenciamento de tempo, todos na empresa sofrerão. O hábito tem força. O conjunto dos hábitos de cada pessoa de uma organização forma o hábito corporativo. Esse hábito, quando incorporado no dia a dia, se transforma na cultura da empresa, que tende a permanecer até que uma pessoa, com suas atitudes, acabe mudando as atitudes dos outros. Uma pessoa pode mudar toda uma corporação, para as boas práticas ou para os métodos ruins. É uma luta constante de forças. Vence quem mantém sua postura. Vemos muitas empresas em que os funcionários não conseguem sair no horário porque isso se tornou um hábito da corporação, uma cultura que todos cultivam com suas atitudes individuais. Agora também vemos algumas empresas em que muitos funcionários conseguem sair no horário cumprindo todas as suas obrigações. Por que alguns conseguem e outros não? Decerto porque um dia alguém comprometido, disciplinado e com atitude mudou seus hábitos e talvez tenha mudado o hábito de toda a corporação.

Ouvi uma história muito interessante sobre isso. Um participante de um treinamento me contou que seu amigo trabalha em uma multinacional alemã. Quando trabalhava na mesma empresa no Brasil sempre chegava às dez horas da noite em casa. Ele foi transferido para a sede na Alemanha e o expediente lá se encerrava às cinco da tarde. No primeiro dia, ele permaneceu na empresa até as 17h30; no segundo dia, como era seu hábito, ficou novamente depois do expediente; no terceiro dia em que ele ficou depois do horário o chefe dele foi até sua mesa:

— Deixe-me perguntar. — disse o chefe. — Você entendeu as regras da empresa? Que o expediente se encerra às 17 horas?

— Sim.

— Você está tendo alguma dificuldade com o seu trabalho, algo em que eu poderia ajudar, ou alguém o está sobrecarregando?

— Não, entendi tudo, não tenho dúvida e não estou sobrecarregado.

— Então, se você compreendeu as regras da empresa quanto ao horário, se você não está tendo dificuldade com seu trabalho e se ninguém está sobrecarregando você com uma demanda de trabalho maior do que sua capacidade de realização, por que você, pela terceira vez, está saindo depois do horário?

— É que eu tenho como costume ficar um pouco depois do expediente — respondeu meio sem graça e impressionado.

— Não, não e não. Quando for 17 horas eu não quero mais você aqui. Vá para sua casa.

Como isso poderia ser possível em se tratando da mesma empresa? É simples: trata-se de uma questão de cultura corporativa. O exemplo desse chefe nos ensina muito sobre gestão de tempo. Há empresas que sobrecarregam seus funcionários com demandas maiores do que suas capacidades, isso porque não conseguem mensurar, medir que a demanda é maior, exigindo esforços sobre-humanos. O resultado disso, em médio ou até mesmo em curto prazo: o empregado se afasta por não dar conta do estresse gerado ou até mesmo por problemas de saúde, e quem perde é a empresa com a contratação e o treinamento de novos empregados. Há empresas nas quais gestores e líderes não sabem gerenciar nem a si mesmos nem aos outros, e acabam sobrecarregando a si e a equipe com horas extras por uma simples falha no planejamento ou na priorização. E há aquelas empresas que desperdiçam tempo com coisas irrelevantes, e os funcionários acabam tendo de ficar depois do horário para fazer o que em tempo normal deveriam ter executado. O resultado de tudo isso? Caos. Desequilíbrio. Tempo a mais no trabalho é tempo a menos com a família. Tempo a menos com a família é tempo a mais se culpando, despendendo energia e se estressando. Assim, cria-se um círculo vicioso difícil de ser quebrado. Apenas você e sua atitude em não aceitar essa cultura poderão quebrá-lo. Sua atitude em se manter firme nos métodos eficazes de gestão do seu tempo. Empresas são bem-sucedidas por causa de pessoas que sabem se gerenciar e ajudam os outros nessa tarefa. Não adianta culpar a empresa, o chefe, a equipe. São nossos exemplos que moldam os outros. Você pode impor seus limites, você pode ser melhor na sua gestão de tempo. É um estilo de vida. As pessoas que gerenciam seu tempo, independentemente do seu nível hierárquico e das suas demandas, seguem o mesmo modelo. Essas pessoas têm hábitos saudáveis relacionados a seu emprego, a sua maneira de trabalhar, a seu aproveitamento do tempo em família e a seu foco no que é realmente importante. E quem escolhe que perfil de pessoa você quer ser é você mesmo.

Esse participante que falou sobre a experiência do seu amigo na Alemanha também contou que antes só saía do trabalho depois das 20 horas porque um monte de gente ainda estava trabalhando. Apesar de ele ter feito tudo o que tinha de fazer no dia, ao ver os outros ficando até mais tarde se sentia mal por sair no horário e ficava trabalhando ou enrolando. Disse-me que levou 17 anos para tomar a atitude que hoje emprega. Termina tudo o que tem para fazer exatamente no horário e sai. Quando ouve alguma gracinha de seus companheiros, enfrenta-os em tom brincalhão dizendo que, se eles precisam ficar até depois, eles é que não estão sendo competentes e eficazes em realizar seus deveres. E ele não se incomoda mais de sair no horário porque tem a certeza de seu bom trabalho, de que foi eficaz e de que fez tudo o que deveria ter sido feito sem enrolação.

Outro participante me contou uma história muito parecida. Seu chefe sempre mandava e-mails depois das 18 horas porque o chefe era daqueles que ficava depois do expediente e não tinha a consciência de que os outros também merecem passar seu tempo com a família. E isso sempre causava irritação e estresse, pois tais demandas eram sempre urgentes. Certo dia, cansado e já a ponto de estourar com o chefe, ele tomou uma decisão. Avisou o chefe que, para ser mais eficiente, ele teria de se planejar para mandar os e-mails até as 17 horas, a fim de que ele tivesse tempo hábil para cuidar da demanda. Por diversas vezes não conseguiu conscientizar o chefe sobre isso. Então, ele tomou uma atitude a qual intitulou camicase: é tudo ou nada. Os e-mails que eram passados depois das 17 horas não eram mais lidos. Comprou uma briga tão feia com o chefe que quase foi demitido. Mas ele era muito bom no que fazia e o chefe sabia disso. Ambos chegaram a um acordo, o chefe ia se planejar para mandar os e-mails até as 17 horas. Esse é um exemplo de como uma atitude sua pode mudar as dos outros.

Sempre procuro espalhar esses exemplos como uma maneira de criar uma consciência diferente sobre o que é de fato qualidade de vida. Qualidade de vida é qualidade de trabalho. Um trabalho bem-executado com gerenciamento de tempo é tempo equilibrado para ter realmente qualidade de vida. É muito bom estar escrevendo aqui esses exemplos; é uma oportunidade de ajudar pessoas que estão na mesma situação. Esses são exemplos reais de pessoas reais que em determinando momento optaram por resolver seus problemas em vez de culpar os outros ou insistir na desculpa da falta de tempo; são pessoas que não se sujeitaram a uma cultura improdutiva e que com suas atitudes criaram uma nova cultura do respeito ao tempo.

44
Evite interrupções: crie uma nova cultura do respeito

Funcionários de uma empresa foram questionados por que estavam permanecendo depois do expediente; a maioria respondeu que sofria tantas interrupções durante o dia que precisava esperar todo mundo ir embora para conseguir se concentrar. Este é mais um fator que atrapalha a produtividade e que rouba o tempo que o funcionário deveria estar com sua família: a interrupção. Já vimos no capítulo 30 que, quando somos interrompidos e perdemos a concentração, em média demoramos cerca de 15 minutos para retomar o raciocínio. Constantes interrupções acabam quebrando o ritmo do trabalho e tiram o sossego e a concentração do profissional. Chega a ser uma falta de respeito e educação. E-mails, telefonemas, pessoas querendo jogar conversa fora, busca de informações em horas inapropriadas, tudo isso faz parte de um dia de trabalho. É comum as pessoas precisarem de você, buscarem auxílio, ligarem ou pedirem alguma coisa. Não se pode impedir que isso aconteça. Contudo, o que se deve criar são algumas regrinhas da boa educação que, quando todos adotarem e perceberem os benefícios, poderão contribuir para criar um cultura do respeito ao tempo.

Imagine que seu filho está estudando para uma prova importante; é a única chance de ele conquistar uma bolsa de estudos. Ele está motivado e concentrado, mas você começa a interrompê-lo a cada cinco minutos. O que vai acontecer com a concentração e a energia dele? Certamente será quebrada e isso prejudicará seus resultados. Agora leve esse exemplo para o seu ambiente de trabalho, quanta energia e concentração são quebradas por causa de nossas atitudes? Quais os resultados negativos que as interrupções podem trazer na produtividade pessoal e de toda a equipe? Discuta isso no seu escritório e comece a criar uma conscientização de quão importante é evitarmos ao máximo interromper os outros e sermos interrompidos. Devemos adotar as seguintes estratégias com relação às interrupções:

1. Comece por mudar suas atitudes. Só assim mudamos os outros e temos a força moral de cobrar o mesmo respeito que dedicamos aos outros;
2. Quando precisar interromper alguém, reflita se a interrupção é realmente vital para aquele momento. Se não for tão urgente, espere um momento em que ela esteja disponível. Isso vale para telefonemas e para o envio de e-mails e mensagens instantâneas;
3. Pergunte sempre se a pessoa pode ser interrompida e respeite a resposta dela. Caso ela permita, use de assertividade e objetividade no assunto; caso ela não possa, pergunte quando pode procurá-la novamente, marque como um compromisso na sua agenda. "Então posso voltar às 16 horas? Combinado. Muito obrigado.";
4. Planeje com sua equipe horários para interrupções. Muitas vezes as pessoas nos interrompem em busca de informações. Se planejarmos um período do dia para essas situações ou para tratar de assuntos pertinentes ao trabalho, as pessoas se planejarão para utilizar esses horários, assim, o que puder esperar será tratado nesses horários, e o que for extremamente urgente se torna exceção, e não regra;
5. Estabeleça seus horários de foco e avise os demais. Explique-lhes a importância do foco e da concentração, diga-lhes que precisará de um período de tempo para trabalhar sem interrupções. Nesse período, deixe o telefone na caixa postal, desligue o aviso de chegada de novos e-mails e estabeleça horários para ver seus e-mails. Se alguém o interromper é porque será uma urgência verdadeira;
6. Faça uso de avisos visuais. Você pode usar um banner de mesa com duas cores diferentes, como um sinal de trânsito: verde,

você está disponível; vermelho, você não pode atender ninguém. Muitas pessoas usam canetas ou bandeirinhas. Informe e explique aos demais; aos poucos as pessoas vão se acostumar a olhar o sinal antes de interromper. Mas seja consciente e mude de "bandeira" sempre que estiver disponível, caso contrário, a ideia perde sua finalidade;

7. Crie um local onde informações importantes possam ser acessadas sem que ninguém precise interromper ninguém, como, por exemplo, uma intranet ou um arquivo bem organizado.

Agora que você está adotando essa postura e agindo de maneira educada e respeitosa com os outros, já pode cobrar deles as mesmas atitudes:

1. Quando sofrer alguma interrupção, pergunte cordialmente se a pessoa precisa mesmo interromper você àquele momento. Caso ela diga que não é urgente, mas já que está ali poderia aproveitar para falar, seja firme e diga que não pode naquele momento. Insista no não;
2. Marque na sua agenda um horário para atender a pessoa, combine com ela o melhor horário;
3. Interrupções fora dos horários planejados e que não forem urgências reais não devem ser atendidas. Sua postura forçará mais planejamento dos demais;
4. Se preciso, vá para uma sala onde possa se trancar e ficar livre de interrupções. Caso consigam achá-lo, cobre objetividade com relação ao assunto;
5. Se a pessoa não respeitar a sua bandeira vermelha, explique-lhe novamente por que você a está usando; se não respeitar, ignore. Cobre a educação. Afinal, quem quer ser respeitado deve respeitar primeiro;
6. Organize suas informações e ajude os outros a organizar informações importantes; crie uma pasta-padrão, crie uma tarefa de rever se todas as informações importantes a algum trabalho foram compreendidas e se estão em algum lugar em que as pessoas envolvidas possam encontrar.

Ao agir assim, estaremos contribuindo para criar uma cultura do respeito. Empresas que se conscientizam sobre as interrupções conseguem uma produtividade maior. Pessoas que se conscientizam sobre a importância do foco e sobre evitar interrupções sempre conseguem chegar em casa no horário certo.

Jonas tinha sua baia perto da entrada e do café; todos os que passavam por lá desejavam bom-dia, educadamente, mas isso o fazia desejar bom-dia para todos a cada cinco minutos; todos os que passavam por lá e o viam o cumprimentavam. Outros da empresa que iam tomar seu cafezinho e o viam diziam um "oi". Cansado de tantas interrupções, ele solicitou uma reunião com seus colegas de sala. Para solucionar o problema, tomaram algumas atitudes: mudaram o lugar do café, conseguiram permissão para aumentar a altura das baias e colocaram uma placa que pedia silêncio aos que entravam. Aquele funcionário investiu tempo em criar uma solução e mudou a atitude de todos os que entravam no escritório.

Você é o responsável pelas suas atitudes. Você é o responsável por criar as suas soluções. Agora pense o que você pode fazer para diminuir as interrupções no seu ambiente de trabalho. Discuta com seus colegas. Juntos, criem estratégias e apliquem as dicas. Seja o exemplo e, assim, terá mais força para mudar a atitude dos outros.

45
Delegar economiza o tempo

Depois que o avião decolou, o senhor ao meu lado começou a conversar. Apresentou-se e disse que era engenheiro elétrico e que tinha uma empresa que atendia a grandes indústrias. Trabalhava planejando futuras instalações, era o responsável por fazer a planta elétrica de toda uma indústria. Quando perguntou o que eu fazia, expliquei que era consultor em gestão do tempo. Ele ficou muito interessado e me fez uma pergunta bem objetiva: "Como posso ter mais tempo?" Objetivamente, respondi: "Delegue tudo o que puder ser delegado." Segundo ele, sua empresa era bem enxuta e por isso acabava centralizando tudo nele. Além disso, ele era muito exigente e não confiava que alguém pudesse fazer as coisas com o mesmo padrão de qualidade que ele. Ao fim da nossa conversa, ele percebeu que poderia delegar quase 50% de suas tarefas, o que representaria uma economia de tempo vital para sua empresa e para sua vida.

Para muitas pessoas, delegar é uma coisa desconhecida. Poucos têm o hábito de delegar tarefas e não percebem o quanto isso pode ser positivo na sua gestão do tempo. Outros não sabem como delegar e por isso evitam passar tarefas para os outros, tarefas que não precisariam estar centralizadas neles. Há ainda aqueles que têm medo de delegar, ou porque não acreditam que a pessoa possa fazer um bom trabalho, ou porque acreditam que ela possa fazer um trabalho melhor do que elas fariam e ficam com medo de perderem seu emprego. Tudo isso cria barreiras na hora de delegar.

Delegar é uma arte, já que não se trata simplesmente de largar uma tarefa para alguém e depois deixá-la se virar para realizá-la. Delegar requer alguns cuidados. Se estes cuidados forem observados, a delegação tem maior chance de trazer o resultado que você espera:

1. Não tenha medo de delegar. Como em tudo na vida, quanto mais fazemos, melhor fazemos. Isso serve tanto para quem delega, porque aprende a delegar de maneira mais eficaz, quanto para aquele que recebe a delegação, porque finaliza melhor a cada vez que realiza o que foi demandado;
2. Entenda que quando você delegar algo para alguém você é o único responsável pelo resultado. Se a pessoa a quem você delegou uma tarefa fizer um excelente trabalho o mérito é seu; da mesma maneira, se a pessoa não fizer um bom trabalho o "culpado" é você, porque em algum aspecto você falhou em delegar, seja na orientação, no acompanhamento ou no *feedback*;
3. Comece escolhendo apenas uma pessoa por delegação. A máxima "cão que tem dois donos morre de fome" se aplica aqui. Delegar para mais de uma pessoa é correr o risco de nada ser feito. Delegue sempre para uma pessoa;
4. Quando pensar em delegar, escolha a pessoa certa para fazer aquele tipo de trabalho, pense em sua capacidade de execução, experiência e desenvoltura;
5. Defina o grau de autoridade que essa pessoa vai ter durante a realização da tarefa, até onde ela pode agir, o que está dentro de sua atuação e quais ações ela deverá esperar para ter sua aprovação. Delegar é dar uma parte do seu poder; defina, portanto, quanto de poder e de autonomia a pessoa vai ter para realizar a tarefa;
6. Certifique-se de ter explicado todos os detalhes, deixe que o delegado faça perguntas e ouça-o atentamente;
7. Faça com que a pessoa a quem você está delegando entenda qual o resultado que você espera, para que isso se torne nítido e claro na mente dela. Comunique-se de maneira a criar na mente dela a mesma imagem que você tem na sua. Assim, o trabalho começa a sair do jeito que você pensou;

8. Delegue sempre de manhã, para dar tempo de você esclarecer dúvidas. Delegar de manhã permite que você foque no que é importante;
9. Dê tempo para a pessoa fazer a tarefa; planeje um prazo de entrega levando em consideração que erros podem acontecer;
10. Monitore a execução do trabalho; se você acompanhar os passos intermediários pode impedir que algo saia errado, reorientando a execução;
11. Sempre dê *feedbacks*. Se o trabalho foi bem-feito, diga-lhe por que gostou, e se o trabalho não ficou bem-feito diga-lhe em que pontos deve melhorar. Todos gostam de prestar um bom serviço, para muitos é a oportunidade de mostrar seu valor e sua competência. Por isso, ajude-a a melhorar e a pessoa o surpreenderá;
12. Sempre elogie verdadeiramente quando o trabalho atingir suas expectativas. Um elogio sincero e verdadeiro é uma maneira de motivá-la a sempre fazer melhor. Parabenize-a e agradeça. Afinal, um bom líder é aquele que consegue a cooperação de seus liderados. Se a pessoa a quem você delegou uma tarefa não é sua liderada, agradeça ainda mais, porque assim ela sempre se mostrará prestativa e aguardará a oportunidade de mostrar novamente sua competência.

Veja na sua agenda se há alguma tarefa que possa ser delegada. Comece a delegar pequenas ações, para que você conquiste a confiança necessária para delegar o que puder ser delegado. Evite centralizações desnecessárias, economize seu tempo e dê às pessoas uma chance de mostrar seu valor. A cada delegação eficaz ambos adquirem mais prática, um em delegar o outro em executar.

46
Paciência é irmã da sabedoria

Uma das maiores dificuldades que as pessoas encontram na aplicação de métodos de gestão do tempo se refere à disciplina. Sempre lembro às pessoas que a disciplina é o verdadeiro poder, é liberdade. Disciplina é um problema para a maioria das pessoas em qualquer situação de mudança. Muitos começam a aplicar os métodos, mas pecam na hora de manter a disciplina necessária para que os conceitos sejam fixados. Disciplina e paciência serão necessárias para que as mudanças interiores sejam realizadas a contento.

Disciplina significa seguir, observar fielmente uma conduta a ser reproduzida. Discípulo é aquele que segue uma instrução, um ensinamento. Disciplina também é associada a castigo, que é uma maneira de produzir obediência ao que deve ser seguido. Por isso, as pessoas tendem a não gostar da disciplina, porque a associam mais a um castigo do que a uma maneira de manter a obediência a um padrão de conduta. Disciplina é educar; muitas vezes para se educar deve-se agir com energia. Uma pessoa disciplinada é aquela que observa fielmente se está seguindo as instruções. A disciplina forja o caráter. É ela que torna possível que o ritmo, o comprometimento e a aplicação atinjam o objetivo de moldar um novo modelo mental, um novo hábito. É ela quem constrói nosso caráter. E o que vem a ser a disciplina na prática e como podemos ser disciplinados para que todo o conhecimento trazido neste livro não se perca, mas que seja seguido?

Estabeleça um sistema de recompensa. Toda vez que você seguir um conceito proposto no livro, recompense a si mesmo. Faça algo que lhe traz satisfação e diga a si mesmo que isso é a recompensa por seguir a disciplina. Você pode pedir ajuda para alguém que considere disciplinado a "forçá-lo" a fazer o que se propõe. Seja sempre consciente dos benefícios de ser disciplinado, pense nos exemplos de grandes esportistas, líderes militares e campeões de luta; procure copiar suas atitudes. Um campeão sabe que deve treinar sempre porque, se não o fizer, o resultado será a derrota. Estabeleça um sistema de punição que seja brando no começo, para que não desista de ser disciplinado se você não aplicar um conceito ou se não cumprir o que se comprometeu a fazer; crie uma multa ou uma privação. Tenho um amigo que quando sai atrasado de casa, se pune não tomando caldo de cana no fim de semana. Estabeleça um sistema de autocobrança; escreva tudo o que pretende fazer e aplicar; faça uma tabela e marque todas as vezes que fizer (por exemplo, a leitura de determinado livro três vezes por semana); quando não fizer, você pode se "punir" ou se corrigir fazendo mais da próxima vez. Uma amiga, toda vez que não deposita a quantia de dinheiro que se propôs na poupança, deixa de ir ao cinema durante um mês (como punição) e no próximo mês corrige a falha depositando o dobro.

Disciplina é uma qualidade a que todos devem buscar. Ela traz muitos benefícios ao caráter. Conhecimento é poder, mas o conhecimento só é adquirido com disciplina. Com disciplina, você terá o poder de realizar qualquer mudança. Disciplina é a liberdade quando você se corrige e molda o seu caráter, tornando-se um espírito livre de vícios e capaz de alcançar voos maiores e realizações impressionantes. Não esqueça que disciplina requer paciência.

TENHA PACIÊNCIA

Outra qualidade que se mostrará muito útil para melhorar sua administração de tempo é a paciência, uma virtude que temos dificuldade em compreender. A paciência é a certeza de que tudo será resolvido. Ela é o antídoto contra a ansiedade, porque é irmã gêmea da sabedoria e amiga da fé. Você deve ter paciência não porque vai aprender um novo método de administração de tempo; você não está aprendendo nada novo. Você precisa da paciência porque terá três trabalhos a fazer. O primeiro é entender o seu método de gestão de tempo, hábitos que foram ensinados pelos seus pais, chefes, amigos e adquiridos por você ao longo da sua vida até agora, independentemente se são bons ou não. Identifique o que é bom no seu método e mantenha-o; identifique o que é ruim, seja no seu ambiente profissional ou pessoal, e modifique-o aos poucos. O segundo trabalho é escolher um método mais eficaz, aprender as dicas, entendê-las, ler e reler quantas vezes for necessário até que o conceito seja bem compreendido. O terceiro trabalho é aplicar métodos e se disciplinar a trocar seus hábitos por novos, seguindo com obediência e fidelidade o que é ensinado. E para fazer tudo isso você precisará de paciência.

Agora devemos trabalhar a semântica da palavra "paciência". Semântica é o significado que as palavras adquirem com o tempo. Em geral, aplicamos a palavra "paciência" negativamente (por exemplo, "tenha paciência, hein!"), mas não deveria ser assim. Salomão pediu sabedoria. Evocamos a sabedoria como um alerta, como algo positivo. Devemos da mesma maneira pedir por paciência para usarmos com os outros e conosco. Todo aprendizado requer repetição, portanto, a ansiedade prejudica o aprendizado. Lembre-se de que você levou uma vida inteira para criar seus hábitos, e se for paciente e disciplinado estará sendo sábio e vai perceber que conseguirá mudar muito mais rápido se utilizar as três qualidades (disciplina, paciência e sabedoria) no seu dia a dia.

Agora tente se lembrar de pessoas que são pacientes, e as vantagens que tiram dessa qualidade. Paciência não é algo que nos prejudica. Paciência é algo essencial. A natureza é um exemplo de paciência. Quando queremos antecipar, quando somos impacientes e ansiosos, estamos apressando a borboleta e transformando-a em um ser incompleto. Seja paciente, estipule um tempo para seu aprendizado sobre essas técnicas de organização de tempo. Paciência é ter a consciência do tempo que a semente levará para crescer. Quanto tempo você acredita que precisará para mudar? De quantas repetições precisará até incorporar os conceitos? Leia e releia este livro pacientemente até que tudo o que achar conveniente seja incorporado no seu dia a dia. Que tal reler cada capítulo pelo menos duas vezes? Será um bom treino de paciência, disciplina e sabedoria.

47
As maiores dificuldades na gestão do tempo: os outros

Albert Einstein disse: "A mente que se abre para uma grande ideia jamais retorna ao seu tamanho natural."²⁷ Isso é uma grande verdade. O mesmo conceito se aplica com relação a um método que traz benefícios. Quando a pessoa aprende a ser organizada e a gerenciar bem o seu tempo, fica difícil retroceder e voltar a adotar práticas que não sejam eficazes. Imagine que você aprendeu a economizar, aprendeu as técnicas para sempre ter o recurso necessário. Hoje você consegue ter tranquilidade porque é um bom administrador, então se casa com uma pessoa que não sabe se administrar, não tem a menor experiência em economizar e sempre reclama da falta deste recurso: o tempo. O que acontece em um caso como esse? Há certo choque de pensamento, uma leve falta de sincronia quando o assunto "administrar" vem à tona. Da mesma maneira, quando um profissional que sabe se planejar e priorizar, e que segue todas as dicas para aproveitar bem o tempo, vai trabalhar em um ambiente onde ninguém tem a menor noção de organização do tempo, ele sofrerá com a conduta e com as atitudes dos outros. Como será a vida desse profissional dentro do trabalho? Certamente não será o paraíso. Durante todos os capítulos deste livro até aqui, insisti no fato de que você é o único responsável pelo seu tempo. E continuo dizendo: você é o único responsável por trazer o paraíso e transformar o lugar em que está. Além do mais, quanto maior o conhecimento, maior a responsabilidade em passá-lo adiante.

Quando as pessoas têm uma mentalidade reativa e lhes falta paciência, os outros sempre são as maiores dificuldades em gestão do tempo. *Como eu vou ser organizado se ninguém se organiza?*, você pode pensar. Mas aqueles que compreendem que se os "outros" aprenderem as mesmas técnicas, vão somar esforços e contribuir para que o ambiente de trabalho seja mais organizado, focado e com uma cultura de bom aproveitamento do tempo.

Conheci uma moça que não sossegou até fazer seu chefe aprender o que era gestão do tempo. Isso levou tempo e exigiu paciência. Quando o chefe aprendeu as melhores práticas, a vida dela no trabalho se transformou no paraíso que precisava que fosse. Ela foi persistente e determinada para resolver um problema. Depois que a mente se abre a uma grande ideia, depois que a pessoa se torna um grande organizador de seu tempo, vai deparar com a convivência com pessoas e ambientes que não pensam e agem eficazmente. Pode-se seguir quatro caminhos:

- Retroceder e seguir a maré, voltar a adotar práticas que não dão certo; o que pode acontecer se você não for firme em suas atitudes, se permitir ao ambiente remodelar você e destruir tudo o que aprendeu;
- Reclamar de tudo e de todos; prática que, como já vimos, não condiz com pessoas responsáveis que criam soluções;
- Conformar-se com todos e ser o mais omisso possível; essa postura, contudo, não vai ajudar a reduzir o impacto que os desorganizados exercerão em você;
- Transformar os outros; moldá-los nas boas práticas, ensiná-los o caminho do saber com a firmeza de seus exemplos.

Todos os que trouxeram melhorias ao mundo agiram de acordo com o último caminho. Escolha transformar o mundo em um lugar melhor, transformar as pessoas em pessoas melhores. Ouvi muitos relatos de pessoas que são gratas até hoje por terem tido professores disciplinadores, chefes organizados que as ensinaram a gerenciar o tempo. Muitos achavam estranho e chato no começo, mas depois viram o resultado e a diferença positiva que tais métodos trazem, agradecendo pela oportunidade de ter conhecido aquela pessoa.

Os outros serão sempre um problema se você não tentar ajudá--los, se você não os ensinar com seu conhecimento, suas atitudes e seus exemplos. Identifique alguma coisa que os outros fazem de errado e que atrapalha a sua gestão do tempo, e crie uma estratégia prática e paciente para ensiná-los. Lembre-se de que a paciência é a virtude do professor. Por isso, não desista até que eles tenham aprendido e incorporado isso em sua mente. Identifique o que as pessoas não fazem e que, se fizessem, ajudaria na sua gestão do tempo e traria benefícios para elas mesmas, para o trabalho e para o ambiente. Que tal ensiná-los a se planejar do jeito correto ou a escrever suas metas? Mas, para isso, certifique-se de que você é o exemplo daquilo que está ensinando.

48
Ensine as pessoas a serem pontuais

Pontualidade não é um hábito do brasileiro e dos latinos de maneira geral. Ouvi muitas histórias de pessoas em países e empresas diferentes. O que pude notar foi que geralmente as empresas de origem latina não têm uma cultura de pontualidade, enquanto países mais ao norte do globo se preocupam mais com isso. Não cabe aqui tentar explicar as causas e os porquês dessa cultura do atraso. Precisamos nos conscientizar que tais atrasos nos prejudicam e precisamos mudar esse hábito. Somos tão acostumados a tolerá-los que já nem percebemos que um atraso é uma falta de respeito, uma falta de comprometimento para com o próprio tempo e para com o tempo dos outros. Precisamos nos conscientizar de que um atraso é uma falta de competência. Precisamos entender e fazer com que os outros entendam que a quase totalidade dos atrasos podem ser evitados. Chegar no horário é uma questão de cálculo, uma questão de competência.

Certo dia saí para comprar algumas roupas de esporte em uma loja na cidade onde moro. Fiz minha programação e cheguei à loja meia hora antes de ela fechar para o almoço. Quando cheguei à porta da loja ela já estava fechada com um cartaz que dizia: "Fechado para almoço. Retornaremos às 13h30." Estranhei o fato de terem fechado trinta minutos antes para o almoço, então fui almoçar e na volta passaria de novo na loja. Às 13h30 cheguei à loja e encontrei as portas fechadas. Resolvi esperar, talvez eles estivessem chegando. Esperei por 45 minutos e fui embora, pois ninguém veio abrir a loja. *Volto amanhã*, pensei. No dia seguinte, aconteceu a mesma coisa. Nos dias subsequentes, mais atrasos. Decidi ir à outra loja e fiz uma grande compra. Passei em frente à primeira loja e lá estava ela fechada e com o cartaz de "Retornaremos às 13h30". Já que problemas acontecem, pensei que algo poderia ter ocorrido com o dono da loja. Dias depois, passei por lá novamente e a loja estava aberta. Logo, concluí que nada havia acontecido. No outro dia, fiz questão de passar novamente e vi a loja fechada e com o cartaz "retornaremos às 13h30", e já eram 14h15! Não sei se agi certo, mas no meu papel de consultor em gestão de tempo, me senti no dever de ajudar aquela loja a se conscientizar com relação à pontualidade. Desci do carro e escrevi no cartaz à caneta: "Seus atrasos consecutivos o fizeram perder uma venda no valor de R$ 750,00. Quanto será que você perde por ano com sua falta de pontualidade?" Não satisfeito, no outro dia, resolvi ir à loja nos mesmos horários e, para meu espanto, a loja estava aberta pontualmente às 13h30. Acho que de certa maneira encontrei o argumento certo para aquele vendedor.

Estamos sujeitos a imprevistos, falhas de terceiros, acidentes, casos de força maior. Mas existem muitas situações em que nos atrasamos devido ao nosso hábito de não respeitar os horários. Pontualidade é um cálculo, uma fórmula matemática. Você deve fazer uma conta e pensar nas variáveis. O caminho que você vai percorrer leva quanto tempo? E se chover, quanto tempo a mais leva? Com trânsito pesado demora quanto a mais? Quanto tempo leva para o seu GPS encontrar o sinal? Se prestarmos atenção nos acidentes no trânsito e pesquisarmos as causas, muitos se deram por causa da pressa. E a pressa se origina do atraso. Quando você está atrasado, fica com mais pressa. A pressa é uma variável que trabalha contra você e sua segurança. Seu atraso de 15 minutos pode, se houver um acidente, se transformar em horas de estresse, prejuízo e consequências para si e para os outros.

Pense nas consequências negativas que os atrasos ocasionam. Lembre-se da última vez que chegou atrasado a algum evento. Como você se sentiu? Lembre-se da última vez em que você teve prejuízo por causa dos seus atrasos: um atraso em uma conta a ser paga, um atraso que o fez perder um algum cliente importante. Se você pudesse somar e medir o prejuízo em dinheiro e em perda de tempo que os atrasos acarretaram na sua vida, não seria por si só um bom argumento para mudar esse hábito? Pense no atraso de outras pessoas que o fizeram perder tempo. Quando os outros se atrasam ficamos bravos, dizemos que se trata de falta de compromisso e competência. Mas será que somos um exemplo de pontualidade?

Pense também nas vezes em que você não se atrasou. Como você se sentiu? Como estavam suas emoções sabendo que apesar do trânsito você ainda tinha tempo? Pense na segurança de saber que chegou a tempo e que não perdeu aquela reunião importante.

Sei que às vezes chegamos no horário ou um pouco antes e os outros se atrasam. Contudo, isso não é desculpa para voltarmos ao hábito da impontualidade. Fizemos a nossa parte. A cultura do atraso se combate com pontualidade e respeito ao tempo. Tive um professor na faculdade que sempre começava sua aula pontualmente. Os primeiros 15 minutos da aula eram os mais importantes, os mais interessantes e os mais úteis. Pessoas pontuais ensinam com seus exemplos, são conhecidas e respeitadas pelo seu comprometimento. Muitas vezes, nos cursos, ouvi pessoas falando dessas pessoas pontuais: "Olha, tive um chefe que nunca atrasava uma reunião. Com ele era uma beleza de se trabalhar." "A reunião é com fulano de tal, ele nunca se atrasa; temos de chegar no horário, senão ele começa, fecha a porta e ficamos de fora." Sendo a pontualidade um cálculo, ela traz um resultado. Se você planeja bem o tempo, pensando em ser pontual, antecipando eventos, saindo um pouco mais cedo, dando uma margem de tempo para prevenir imprevistos, terá resultados positivos. Se você não respeita essas regras, os resultados são muito negativos. Além dos prejuízos imediatos e óbvios, tais como perda de tempo e de dinheiro, risco de acidentes, estresse e nervosismo, há os prejuízos relacionados à sua imagem.

Pense naquela pessoa que sempre se atrasa e que por causa dela você já perdeu muito tempo e dinheiro, se irritou e se estressou muito. O que você fala sobre ela? "Incompetente, irresponsável, sem palavra, sem comprometimento, sem respeito", enfim, os adjetivos são vários. Os prejuízos à sua imagem são exatamente essa lista de adjetivos que você acabou de lembrar.

Cada atraso que poderia ter sido evitado mancha nossa reputação e nossa imagem. Cada exemplo de pontualidade melhora nossa imagem e passamos a ser conhecidos por essa qualidade.

Devemos ser pontuais e ensinarmos os outros a serem pontuais. Mostre às pessoas a preocupação com o horário. Pontualidade é competência. Estabeleça a semana da pontualidade. Dê pequenos prêmios às pessoas mais pontuais, elogie publicamente. As empresas devem parar de punir aqueles que se planejam e chegam no horário ao tolerar atrasos. A tolerância deve ser a exceção, não a regra. Faça com que as pessoas menos pontuais entendam os motivos dos seus atrasos e as ajude a planejar e a calcular melhor o tempo.

Exercício

Um vendedor vai ter uma reunião com um cliente às nove da manhã. Essa será sua primeira visita do dia e, portanto, sairá da sua casa, que fica a cerca de vinte quilômetros do local da reunião. O vendedor mora em uma cidade cujo trânsito é caótico todos os dias. Será a primeira vez que o vendedor vai para o endereço combinado. De que maneira você o orientaria para que chegue no horário?

Algumas dicas:

- Abastecer o carro no dia anterior;
- Checar o endereço no GPS um dia antes, pois assim, se houver algum problema, pode fazer um mapa e imprimir da internet;
- Sair mais cedo uns quarenta minutos calculando o trânsito e os horários de pico.

Ou seja, tudo o que ele puder antecipar no dia anterior seria uma boa estratégia para prevenir imprevistos.

49
Entenda a equação do tempo

Ter tempo é uma questão de entender as regras do jogo, compreender a equação que o rege e entender nossas escolhas. Você trabalha cinco vezes por semana durante um mês para ganhar o seu salário. Supondo que seu trabalho ou seu salário pague as suas contas, mesmo que de maneira apertada, você precisa trabalhar todas essas cinco vezes para ganhar o seu dinheiro. E se você conseguisse trabalhar as mesmas horas e ganhar o dobro ou o triplo? E se você ganhasse o que precisa em apenas cinco dias de trabalho? O que faria com o resto do seu tempo?

A equação do tempo é esta: temos um trabalho que nos paga um salário equivalente ao tempo que trabalhamos. As pessoas reclamam que ganham pouco, mas quase ninguém reclama do pouco que sabe. Se dedicarmos nosso tempo para aprender, para nos desenvolver profissional e espiritualmente, teremos maiores chances de ganhar mais dinheiro. Mas isso não necessariamente evitará que você trabalhe menos horas. Contudo, será você quem decidirá isso saindo da sua zona de conforto.

Conheci um jovem que me contou como entendeu as regras do jogo e alterou a sua equação do tempo. Ele trabalhava cerca de 12 horas por dia em um emprego que o consumia, acabava levando trabalho para casa e as 12 horas às vezes se tornavam 14. Tudo isso para ganhar um salário que mal dava para pagar suas contas. Um dia ele se cansou dessa situação: não tinha tempo, não tinha dinheiro, não tinha qualidade de vida, não conseguia ter um relacionamento, então de que adiantaria? Ele entendeu as regras do jogo. As regras diziam que o emprego que tinha só pagaria o que ele recebia. Se ele quisesse ganhar mais teria de mudar de emprego, ou se desenvolver dentro da empresa. A regra da sociedade atual é: você recebe o que você vale. Seu chefe pensa assim, seu empregador pensa assim. Aquele jovem percebeu que ele valia muito pouco, sabia muito pouco, não se dava o devido valor. Ele precisava de tempo para estudar e para se desenvolver, então o seu valor aumentaria, consequentemente receberia mais; recebendo mais poderia ter mais tempo, mais qualidade de vida e um relacionamento. Mas ninguém lhe dava uma oportunidade. Como ele conseguiria sair do ciclo? Segundo ele, um dia encontrou um mendigo que contou como desperdiçou todas as oportunidades que teve na vida. O mendigo disse a ele uma coisa que ele nunca esqueceu: "A vida dá muitas oportunidades, ninguém pode dizer que não, e se ela não está abrindo uma porta é porque você não está se esforçando." Como nesses "encontros cósmicos" em que não há acaso, o jovem começou a criar as oportunidades. O único recurso que ele tinha era o tempo que achava ser escasso, mas era menos escasso do que seu dinheiro. Começou a eliminar os ladrões de tempo, percebeu onde estava jogando fora sua energia com coisas inúteis. Percebeu que há muitas oportunidades de aprendizado gratuitas e disponíveis para qualquer pessoa que se esforce. Entrou pela primeira vez em uma biblioteca pública e viu quantos livros poderia ler de graça; notou também o quanto são vazias, e entendeu ainda mais a regra do jogo. Concentrou suas energias em uma batalha de cada vez. Aumentou seus conhecimentos, administrou melhor os seus recursos, melhorou seu nível de comunicação e de negociação. (Leu todos os livros de Napoleon Hill!) Conseguiu um aumento pequeno. Voltou a se alimentar melhor, já que ainda não conseguia tempo para atividades físicas. Perdeu peso aplicando uma dieta saudável, o que lhe deu mais disposição e mais energia. Conseguiu acordar mais cedo e fazer uma hora de caminhada, quando aproveitava para pensar na vida, meditar e fazer suas orações. Tudo isso lhe deu mais autoconfiança, pois passou a se valorizar, e as outras pessoas viram isso, então começou a namorar. Escreveu suas metas e as perseguiu com determinação, persistência e foco. Em questão de dois anos já ganhava o triplo do que ganhava quando começou na empresa. Então, reviu as regras do jogo. Estabeleceu o que queria para sua vida. Quanto precisava ganhar por mês e quanto queria ganhar por mês, quanto tempo queria livre por dia e o que e para que iria usar o seu tempo. Analisando seus sonhos, mudou de emprego, porque entendeu que cada emprego tem suas regras. Entendeu que o tempo segue a equação que você ordenar.

Tempo é igual ao tempo que você investe para definir o que vai fazer com ele. Tempo é o resultado de suas escolhas. Tempo é igual ao tempo que você investe para crescer e aprender. Ter tempo está para o trabalho tanto quanto o trabalho está para o tempo. Ter tempo é o resultado da sua boa administração pessoal. O salário que você ganha é proporcional ao tempo que você trabalha e igual ao seu valor. Se quiser mudar a equação do tempo ou do salário, você deve entender as regras do jogo e criar a sua nova equação. É possível ganhar mais, é possível ter mais tempo, é possível ter mais qualidade de vida, é possível atingir suas metas sem esquecer o equilíbrio, tudo se você entender a equação do tempo que rege a sua vida. Ela pode ser mudada e alinhada para a conquista dos seus sonhos. O jogo está apenas começando, ainda há tempo para fazer alterações e reverter o placar.

Quanto àquele jovem, se tornou um empresário bem-sucedido e hoje não vive para trabalhar: trabalha para viver seu tempo com equilíbrio.

Exercício

E você, já entendeu as regras do jogo? Como é a sua equação do tempo? Monte-a, entenda o que está se passando com a sua vida. A responsabilidade de mudar as regras e a equação depende de seu esforço em criar e aceitar as oportunidades que a vida oferece.

50
A melhor maneira de aprender é ensinar

Já falamos sobre a importância da escolha de um método de gestão do tempo que atenda às suas necessidades e expectativas e que seja adequado à sua realidade e à sua maneira de trabalhar e viver. Também dissemos que todo método só traz resultados quando aplicamos as orientações, técnicas e ferramentas propostas de modo consciente no nosso dia a dia. Aplicar é fazer, agir, colocar em ação, trazer o que foi aprendido na teoria para a prática. Sem a aplicação dos métodos não há resultados; simplesmente não podemos ganhar na loteria se não jogarmos. A disciplina e o comprometimento são fundamentais para que as mudanças realmente ocorram no nosso modo de lidar com o tempo. Sem o comprometimento em aplicar os métodos com disciplina, não se altera nosso modelo mental. Você deve insistir e persistir até que os resultados esperados sejam alcançados. Tudo o que foi falado é importante. Cada capítulo é como uma peça que se encaixa na engrenagem de um relógio.

Agora, vamos acrescentar uma dica testada e aprovada por professores, consultores, palestrantes, escritores e profissionais que lidam de uma maneira ou de outra com o ensino. A melhor maneira de aprender é ensinar. Estabeleça uma meta de ensinar para alguém tudo o que você aprendeu. Mesmo que você não se sinta ainda capaz de ensinar. Aliás, faça isso principalmente se você não se sentir ainda convicto de que aprendeu. Se você esperar estar 100% preparado nunca vai fazer nada. Para que sua meta de ensinar alguém seja motivadora, escolha alguém que você ama muito, alguém com quem você se importe de tal maneira que precise ensinar a importância da organização do tempo para a vida. Pode ser seu filho, cônjuge, irmão, enfim, alguém que você ama muito. Ao mesmo tempo que escolher alguém que tenha grande importância em sua vida e com quem tenha uma relação de amor profunda, escolha também alguém que não seja da sua família, de preferência alguém por quem você não nutra um amor tão profundo, íntimo. Pode escolher um amigo, por exemplo, ou um colega de trabalho.

Você pode pensar: "Como isso vai me ajudar a aprender sobre a organização do tempo?" Perceba como as enfermeiras são atenciosas, dedicadas e empáticas com sua dor. Elas seguram sua mão com carinho, estão ali para lhe ajudar. Mas elas não conhecem você, não têm com você uma relação íntima (suponhamos que você não a conheça de fato). Agora imagine se uma enfermeira que vai atender um chamado encontra o próprio filho acidentado. Como ela reagiria? Há uma grande chance de ela se desesperar e, nesse caso, seria melhor chamar outra enfermeira. A empatia é positiva, mas nesse caso seria prejudicial ao trabalho.

DOIS CENÁRIOS

Vamos trabalhar com dois cenários. O primeiro será aquele em que você tem pela pessoa um grau de expectativa maior. Porque você a ama e quer tudo de bom para ela, será apegado e se sentirá responsável. Chega a ser até um grau acima de responsável. Encare como sua obrigação, oriunda do amor, é claro. O segundo cenário será aquele em que escolherá alguém com quem mantém um bom relacionamento, mas sem tanto apego. Você atuará como enfermeiro, estando ali para ajudar, dar atenção e ser responsável apenas por passar o ensinamento, mas sem se apegar ao resultado, ou seja, sem a preocupação se essa pessoa vai ou não aplicar o que você estiver lhe ensinando.

Agora escolha as pessoas que farão parte do primeiro e do segundo caso. Estabeleça a meta de ensinar pelo menos um conceito que aprendeu até que fique claro e bem compreendido para elas.

Será uma experiência ímpar. Estabeleça um diário dos seus avanços como professor. Descreva em detalhes quais as reações dessas pessoas quando você as ensina. Elas se interessaram pelo que você lhes disse? Você conseguiu inflamar nelas o desejo por aprender? Coloque em um papel o avanço de ambas. Você notará a diferença.

Esse exercício lhe trará enormes descobertas como ser humano, e principalmente trará a conclusão de que só se aprende quando se ensina. As dúvidas e perguntas dessas pessoas farão com que você compreenda o que antes deixou passar despercebido. As dificuldades delas serão as mesmas que as suas no começo, e quando você olhar para as dificuldades delas será mais fácil sugerir estratégias. Então, você perceberá que algo primordial no ensino é olhar com os olhos do outro. Temos mais facilidade em resolver os problemas dos outros porque conseguimos enxergar de fora. Já posso antecipar que você terá mais facilidade em ensinar ao seu amigo do que à pessoa que você mais ama. O motivo disso? Deixo para você o prazer dessa descoberta para que aprenda melhor. Mas antecipo o olhar de desprezo e a indiferença que ambos vão dirigir a você quando você disser algo que lhes desagrade. Isso acontecerá sempre que você disser algo do qual eles sabem que você não é exemplo. Essa será também sua maior lição: começar a ser o que você ensina. Então você ensinará muito mais rápido. Como registrou Cora Coralina: "Feliz aquele que transfere o que sabe e aprende o que ensina."

51
O verdadeiro triunfo é conquistar sonhos sem esquecer o equilíbrio

Nesta minha caminhada pela Terra, procuro adotar uma postura humilde de aprendizado, em que cada ser humano que cruza o meu caminho pode me ensinar alguma coisa. Como disse Paulo Freire: "Não há saber pior ou melhor, há saberes diferentes."[28] Procuro aprender com o exemplo de grandes empresários, de homens e mulheres de posições elevadas no mundo dos negócios. Procuro aprender com os exemplos de personagens da história e também com pessoas que não tiveram tanto destaque ou status. Procuro aprender até mesmo com os animais e a natureza. A natureza é um exemplo de equilíbrio e aprendizado. Tornei-me uma esponja, ou, como na poesia de Rumi, "como açúcar na água".[29] Da observação dos exemplos de vida de todas essas pessoas que cruzaram meu caminho, extraio grandes exemplos que sigo e adoto como molde para minha vida. Da mesma maneira, procuro aprender com seus erros, mantendo uma posição de bondade e ausência de crítica. Mas os erros são importantes porque nos ensinam muito mais do que os acertos. E um dos erros que aprendi com essas pessoas foi que muitos alcançaram o que queriam, mas esqueceram o seu equilíbrio e hoje se arrependem.

"Que adiantará ao homem ganhar o mundo inteiro e perder a sua alma?" (Mateus 16:26). Quando o ser humano desperta os poderes inerentes que tem dentro de si, acorda para a realidade de que pode conquistar tudo a que se propõe. "Digo-lhes a verdade: aquele que crê em mim fará também as obras que tenho realizado. Fará coisas ainda maiores do que estas, porque eu estou indo para o Pai" (João 14:12). Essas são as palavras de Jesus Cristo. Essa é a herança que nos foi dada. Temos o poder e o dever de realizar as maiores obras possíveis, obras que tragam luz e melhorias ao mundo e a nossa vida. Basta acreditar e realizaremos todos os nossos sonhos. Podemos conquistar toda a riqueza de tempo e de realizações, mas jamais podemos nos esquecer dos nossos valores. De que vale ser um milionário se você perdeu sua família? Se no processo de atingir suas metas deixou de lado coisas importantes, como saúde, pessoas que ama, amizades verdadeiras, relacionamentos, virtudes e espiritualidade?

O equilíbrio deve ser alcançado em todas as áreas da nossa vida, seja pessoal ou profissional. Na ânsia de ganhar dinheiro ou no egoísmo de se usar o tempo apenas com propósitos mesquinhos, as pessoas acabam se esquecendo do equilíbrio. Podemos e devemos alcançar nossos sonhos, mas sempre devemos considerar se estamos caminhando em direção a eles de maneira equilibrada.

Em sua vida, quais são as áreas em que você precisa realinhar os pratos da balança? Converse com sua família, entenda quais os sonhos dessas pessoas, como vocês podem caminhar juntos e em equilíbrio.

Fala-se muito em conquistar riquezas e posições, status e prestígio. Entretanto, raramente se ouve alguém dizer que quer conquistar o equilíbrio. O equilíbrio pode ser compreendido como uma proporção harmoniosa entre duas forças. Quando vemos em uma balança pratos que têm o mesmo peso, dizemos que estão equilibrados. Isto é conquistar o equilíbrio: atingir todas as suas realizações sem deixar de lado o bem-estar daqueles que nos amam. Conquistar o equilíbrio é ter dedicado o tempo certo para cada prato da balança e ter arrastado junto de si outras pessoas para conseguirem a mesma compreensão de que o tempo deve ser vivido com equilíbrio. Quando ajudamos os outros a crescer e a realizar seus sonhos com equilíbrio estaremos ensinando o verdadeiro significado do tempo.

Conclusão

Ao longo de todos os capítulos deste livro trabalhamos vários conceitos sobre o tempo. Mostramos exemplos e fizemos muitas reflexões. O tempo pode ser tudo e qualquer coisa, ou também o nada. Você escolhe como quer vivê-lo. Tempo não é apenas dinheiro, é muito mais. É mais que um recurso, é um estilo de vida. Viver seu tempo está sempre atrelado a uma escolha. Viver seu tempo com sabedoria é apenas uma sugestão, pois a sabedoria, sendo uma virtude primordial, será a guia para atrair o que quer que você deseje.

Viver o tempo com sabedoria é descobrir que o importante é nunca perder de vista o objetivo maior. O importante é focar no que realmente importa. Se nos esquecemos do verdadeiro motivo da organização do tempo, corremos o risco de nos perdermos em nossa vida. Por mais que a ciência estude, que os filósofos discutam, que os escritores escrevam, que os poetas glorifiquem o tempo como um conceito impossível de ser definido e que pode ser qualquer coisa que desejarmos, ainda assim, se não compreendermos a maior de todas as máximas sobre o tempo, de nada servirá nossas conquistas. Se não começarmos hoje a amar a Deus sobre todas as coisas e ao próximo como a nós mesmos, todos os segundos, centésimos, milésimos de nossa vida não terão valor algum.

É tempo de amar, sempre foi tempo de amar. Desde o princípio e por toda a eternidade. É hora de saber que o tempo foi criado para que amemos, porque Deus nos ama a cada attossegundo.* Quando espelharmos esse amor em todas as nossas ações, entenderemos a dádiva da imortalidade.

---

* O attossegundo é a medida de tempo mais rápida a que ciência chegou. Um attossegundo corresponde a um trilionésimo de segundo. (N.A.)

Notas

1. BUCHSBAUM, Paulo Eduardo Laurenz. *Frases geniais*. Rio de Janeiro: Ediouro, 2004, p. 223.

2. Dicionário OnLine de Português. Disponível em: <http://www.dicio.com.br/matriz/>

3. DRUCKER, Peter. In: GOMES, Eugênia Maria; MORGADO, Almir. *Compêndio de administração*. Rio de Janeiro: Editora Elsevier, 2012, p. 201.

4. HILL, Napoleon. *Você pode fazer os seus milagres*. Rio de Janeiro: Record, 2ª edição, p. 91.

5. Ortega y Gasset. "O homem é o homem e a sua circunstância". In: ALVES, Maria da Graça Ferreira Alves. *Francisco Gomes Teixeira — o homem, o cientista, o pedagogo*. Universidade do Porto, 2012, p. 6.

6. GODEK, Gregory J.P. *Amor: a lição que você não teve na escola*. Tradução de Luiz Orlando Lemos. Rio de Janeiro: Ediouro, 2000, p. 263.

7. CORRÊA, Jacinto (org.); MAGGESSI, Andrea; CANTANHEDE, Benedito (et al.). *Marketing: a teoria em prática*. Rio de Janeiro: Senac Nacional, 2009, p.10.

8. HILL, Napoleon. *A lei do triunfo – curso prático em 16 lições: ensinando pela primeira vez na história do mundo a verdadeira filosofia sobre a qual

repousa todo o triunfo pessoal. Tradução de Fernando Tude de Sousa. Rio de Janeiro: José Olympio, 1990, 7ª edição, p. 105-106.

9. Ibidem.

10. VILLAR, Josier Marques (org.); VIDIGAl, Antonio Carlos (et al.). *Governança corporativa em saúde: uma receita de qualidade para as empresas do setor.* Rio de Janeiro: Mauad X, 2007, p. 57.

11. CABADA, Gerardo. *3001 Pensamentos.* São Paulo: Edições Loyola, p. 21.

12. Editores da Revista Fortune. *Segredos do sucesso dos grandes homens de negócios: as trajetórias dos maiores empreendedores do mundo.* Tradução de Regis Koga e Ana Luiza Couto. São Paulo: Nobel, 2009, p. 192.

13. PHILIPS, Frank Julian; ALVES, Deocleciano Bendocchi (org.). *Play.* São Paulo: Casa do Psicólogo, 2003, p. 90.

14. TZU, Sun. *A arte da guerra.* São Paulo: Editora Évora, 2011.

15. Disponível em: <http://www.citador.pt/frases/pensar-e-o-trabalho-mais-dificil-que-existe-e-es-henry-ford-8565>

16. MARQUES, Cícero Fernando. *Estratégia de gestão da produção e operações.* Curitiba: Iesde Brasil, 2009, p. 103.

17. Disponível em: <http://portalgp.blogspot.com.br/2007/05/o-que-planejamento.html>

18. DAVIS, Mark M.; CHASE, Richard B.; AQUILIANO, Nicholas J. *Fundamentos da administracão da producão.* São Paulo: Bookman, 2001, 3ª edição.

19. O trecho é uma junção de dois ensinamentos de Confúcio, presentes em: CLEARY, Thomas. *O essencial de Confúcio. Um compêndio de sabedoria ética.* Tradução de Luiz Roberto Mendes Gonçalves. Rio de Janeiro: Editora Best Seller / Círculo do Livro, 1992, p 51; CONFÚCIO. *Diálogos de Confúcio*; traduzido do chinês para o francês por Anne Cheng; tradução para o português de Alcione Soares Ferreira. São Paulo: Ibrasa, 1983, p. 109.

20. TZU, Sun. *A arte da guerra*. São Paulo: Editora Évora, 2011.

21. IVANCEVICH, John M. *Gestão de recursos humanos*. São Paulo: McGraw-Hill, 2008, p. 479.

22. Frase de Napoleon Hill baseada em um pensamento de Sócrates: "Chamo de preguiçoso o homem que podia estar melhor empregado." HILL, Napoleon. *A lei do triunfo – curso prático em 16 lições: ensinando pela primeira vez na história do mundo a verdadeira filosofia sobre a qual repousa todo o triunfo pessoal*. Tradução de Fernando Tude de Sousa. Rio de Janeiro: José Olympio, 1990, 7ª edição, p. 105-106.

23. DAVIES, Paul. "Como construir uma máquina do tempo — não é fácil, mas também não é impossível." *Scientific American Brasil*, edição 5, outubro de 2002.

24. HILL, Napoleon. *A lei do triunfo – curso prático em 16 lições: ensinando pela primeira vez na história do mundo a verdadeira filosofia sobre a qual repousa todo o triunfo pessoal*. Tradução de Fernando Tude de Sousa. Rio de Janeiro: José Olympio, 1990, 7ª edição, p. 105-106., p. 106.

25. COBRA, Nuno. *A semente da vitória*. São Paulo: Editora Senac, 2000.

26. Disponível em: <http://pt.wikipedia.org/wiki/Problema_(filosofia)>

27. BREGATTO, Paulo Ricardo (org.). *Documentos de arquitetura: traços & pontos de vista*. Canoas: Editora da Ulbra, 2005, p. 188.

28. LOURES, Rodrigo C. da Rocha. *Sustentabilidade XXI: Educar e inovar sob uma nova consciência*. São Paulo: Editora Gente, 2009.

29. RUMI. *Poemas místicos*. Seleção de poemas do *Divã de Shams-i Tabriz*; tradução e introdução de José Jorge de Carvalo. São Paulo: Editora Attar, 1996, p. 90-91.

Este livro foi composto em Iowan Old Style 10,5/14,5
e impresso pela Edigráfica sobre papel chambril avena 80g/m²
para a Thomas Nelson Brasil, em junho de 2013.